Anselm Grün

Goldene Regeln zum Glücklichsein

FREIBURG · BASEL · WIEN

© Verlag Herder GmbH, Freiburg im Breisgau 2008
Alle Rechte vorbehalten
www.herder.de

Umschlagmotiv: gettyimages, John Foxx
Gesamtgestaltung: Ulrich Ruf, Sölden bei Freiburg
Herstellung: fgb · freiburger graphische betriebe
www.fgb.de
Gedruckt auf umweltfreundlichem,
chlorfrei gebleichtem Papier
Printed in Germany

ISBN 978-3-451-29894-3

Inhalt

Einführung 6

Das Glück der Achtsamkeit 9

Das Glück der Begegnung 29

Das Glück der Dankbarkeit 50

Das Glück des Einklangs 73

Das Glück der Gelassenheit 95

Das Glück der Gesundheit 115

Das Glück der Lebensfreude 134

Das Glück der Liebe 153

Das Glück der Stille 171

Das Glück der Zufriedenheit 188

Einführung

„Alle Menschen wollen glücklich sein." Diesen Grundsatz hat der größte Philosoph Griechenlands, Platon, aufgestellt. Und nach ihm haben zahlreiche Philosophen und Dichter diesen Satz bestätigt. Die Frage ist nur, wie der Mensch glücklich zu sein vermag. Die Philosophen aller Zeiten haben Wege zum Glück gewiesen. Dabei haben sie Glück nie als etwas verstanden, das man sich kaufen kann, um es dann zu besitzen. Vielmehr muss der, der glücklich sein möchte, einen inneren Weg gehen. Er muss Regeln einhalten, um auf seinem Weg immer wieder Glück zu empfinden. Dabei wird er das Glück nie festhalten können. Ein wichtiger Weg zur Erfahrung des Glücks sind die Tugenden, die dem Menschen dazu verhelfen, dass sein Leben taugt. Es sind Grundhaltungen, die dem Menschen Halt geben. Es sind Werte, die sein Leben wertvoll machen.

In diesem Buch sind solche Haltungen beschrieben, die der Mensch braucht, um Glück zu empfinden. Indem er die Gelassenheit oder die Liebe übt, empfindet er schon Glück. Es sind goldene Regeln. Das deutsche Wort „Regel" kommt vom lateinischen Wort „regula", das ursprünglich die Klosterregel bezeichnet. Sie will das Leben der Mönche regeln. So braucht der Mensch auch heute Regeln, die sein

Leben ordnen und in Ordnung bringen, die es gerade richten, wie das Wort Regel vom Ursprung (regere) her meint.

Es sind goldene Regeln. Als goldene Regel wird das Wort Jesu bezeichnet, das letztlich auf ein weit verbreitetes Wort zurückgeht, das sich in der griechischen Philosophie des 5. Jahrhunderts vor Christus gebildet und bei den Griechen und Römern weit verbreitet war: „Alles, was ihr von anderen erwartet, das tut auch ihnen" (Mt 7,12). Es ist eine goldene Regel, weil sie das Leben vergoldet, weil es unserem Leben etwas vom Glanz der Vollkommenheit und Ganzheit gibt.

So wünsche ich den Lesern und Leserinnen dieses Buches, dass sie die Regeln, die sie darin entdecken, als goldene Regeln erfahren, als Grundsätze, die ihrem Leben den ursprünglichen Glanz verleihen, der ihnen von Gott her zukommt. Wenn wir mit dem Goldglanz unseres Wesens in Berührung kommen, dann fühlen wir uns glücklich. Aber es braucht einen Weg, um zu diesem ursprünglichen Glanz zu gelangen, den Gott unserem Leben verliehen hat. Auf diesem Weg wünsche ich immer wieder die Erfahrung von Glück, von Einverstandensein mit sich und mit dem Leben und vom Glanz der eigenen Seele.

Anselm Grün

Das Glück
der Achtsamkeit

In die Achtsamkeit einzuführen ist das Ziel aller spirituellen Wege. Sie alle kennen die Achtsamkeit im Umgang mit Dingen, mit Menschen und mit dem Augenblick. Wenn ich achtsam bin, achte ich auf alles, was ich tue. Ich lebe nicht einfach so dahin. Ich bin ganz bei dem, was ich in die Hand nehme. Ich nehme wahr, was gerade ist. Wenn ich mich mit Achtsamkeit wasche, wird mir bewusst, was für ein Geheimnis das Waschen ist. Ich reinige mich von allem Schmutz, nicht nur von äußerem Schmutz, sondern vor allem von meiner inneren emotionalen Verschmutzung. Ich reinige mich von dem, was mein ursprüngliches und unverfälschtes Bild trübt. Ich spüre das Wasser, das mich erfrischt und alles abwäscht, was mein wahres Bild verstellt. Alles, was ich tue, bekommt durch die Achtsamkeit eine tiefere Bedeutung.

Unser Wort „achtsam" kommt von der indogermanischen Wurzel „ok", das „nachdenken, überlegen" bedeutet. Achtsam ist also der, der bei dem, was er tut, überlegt, was da eigentlich geschieht. Er lebt nicht gedankenlos, sondern bewusst. Es gibt Menschen, die sich in Gedanken von dem entfernen, was sie tun. Sie gehen spazieren, sind aber in Gedanken ganz woanders. Sie achten nicht auf den Weg, den sie gehen, oder auf die Schritte, die sie tun. Sie gehen vielmehr in den Räumen ihrer Phantasie spazieren. Achtsamkeit würde bedeuten, dass ich ganz im Gehen bin. Ich nehme jeden Schritt wahr. Was heißt gehen? Ich berühre die Erde – und gehe weiter. Ich bleibe nicht hängen. Gehen heißt, immer weiter gehen, sich nicht ausruhen auf dem Erreichten, sondern im Gehen sich wandeln. Wenn ich achtsam gehe, geht mir das Geheimnis des Gehens auf. Dann erfahre ich das Gehen als Gleichnis für mein Leben …

Achtsamkeit hat auch mit Erwachen zu tun. Viele Menschen meinen, sie seien wach. In Wirklichkeit schlafen sie. Sie haben sich eingelullt in Illusionen über ihr Leben. Sie nehmen die Wirklichkeit nicht wahr, wie sie ist. Der indische Weisheitslehrer Anthony de Mello meint, Mystik sei Aufwachen zur Wirklichkeit. Es gibt Menschen, die Mystik mit frommen Phantasiebildern verwechseln. Sie flüchten sich in fromme Gedanken, um der Wirklichkeit auszuweichen. Die wahre Achtsamkeit besteht jedoch darin aufzuwachen, endlich die Augen aufzumachen und die Wirklichkeit so zu sehen, wie sie in Wahrheit ist. Das griechische Wort für Wahrheit „alétheia" meint, dass der Schleier, der über allem liegt und das Wesen der Dinge verhüllt, weggezogen wird und wir auf den Grund schauen.

Aufwachen meint, sich nicht mehr mit dem Schleier der Illusionen zu begnügen, den wir über alles gelegt haben, sondern hinter die Dinge zu schauen, die wahre Wirklichkeit des Lebens zu entdecken.

In unserem deutschen Wort „achten" steckt auch die „Hochachtung", die Wertschätzung. Wenn ich achtsam mit den Dingen umgehe, dann achte ich sie, dann sind sie mir wertvoll. Der Mönchsvater Benedikt ermahnt seine Mönche, achtsam mit dem Werkzeug und mit allen Dingen umzugehen. Ja, der Cellerar, der für das Wirtschaften zuständig ist, soll das ganze Gerät des Klosters wie heiliges Altargerät behandeln. Er soll ein Gespür dafür entwickeln, dass alles heilig, dass alles von Gottes Geist durchdrungen, dass alles sein Geschenk ist. Wer das Gerät wie heiliges Altargerät behandelt, hat ein Gespür für den wahren Wert der Dinge. In allem berühren wir letztlich die Urquelle: Alles ist Schöpfung Gottes und uns von ihm geschenkt. Im Thomasevangelium sagt Jesus seinen Jüngern: „Spaltet ein Stück Holz – ich bin da. Hebt den Stein auf, und ihr werdet mich dort finden." Unter jedem Stein liegt ein Geheimnis. Der Achtsame entdeckt es.

Wenn ich achtsam durch eine Tür gehe, dann erahne ich, was das heißt: Ich gehe von einem Raum in den andern. Die Tür eröffnet mir einen neuen Raum. Ich verlasse etwas und gehe in etwas Neues. Jesus sagt von sich, dass er die Tür sei. Er verwirklicht in seinem Sein, was der Achtsame beim Durchschreiten einer Tür erfährt: Die Tür führt mich in den Raum meiner Seele, in den Innenraum meines Herzens.

In meinem Leben gehe ich über viele Schwellen. Ich betrete Neuland. Ich erschließe mir neue Räume, die ich noch nicht kenne. Die Tür öffnet und schließt. Wenn ich nach der Arbeit achtsam durch die Haustür gehe, schließe ich bewusst die Tür der Arbeit zu, um die Tür in die Familie zu öffnen, damit ich ganz präsent bin, wenn ich daheim ankomme. Viele kommen jedoch mit den Problemen der Arbeit daheim an. Sie sind noch woanders.

Bewusst durch eine Tür gehen heißt: alles andere hinter mir lassen und mich ganz in den Raum begeben, den mir die Tür aufschließt.

Benedikt von Nursia liebt das Wort „custodíre". Es heißt: achten, Acht geben, wachen, bewusst wahrnehmen. Zu den Werkzeugen der spirituellen Lebenskunst gehört es, jederzeit das eigene Tun und Handeln zu überwachen, sagt er. Die Achtsamkeit ist für die benediktinische Tradition die spirituelle Übung schlechthin geworden. Die Achtsamkeit gilt dem Werkzeug, mit dem wir umgehen. Sie gilt der Zunge, die oft unbedacht redet und damit Unheil anrichtet. Wir ärgern uns dann, wenn wir wieder Dinge gesagt haben, die wir am liebsten für uns behalten hätten.

Es ist vor allem die Achtsamkeit den Gedanken und Gefühlen, den Emotionen und Leidenschaften gegenüber, die in uns eintreten möchten und dann unsere Worte bestimmen.

Ein schönes Bild für diese Achtsamkeit ist das des Türhüters. Es geht auf Jesus zurück, der von einem Mann spricht, der auf Reisen ging und seinen Dienern die Verantwortung für sein Haus übertrug. „Dem Türhüter befahl er, wachsam zu sein" (Markus 13,34). So soll der Mensch ein guter Türhüter sein, der jeden

Gedanken, der an die Tür klopft, befragt: „Gehörst du zu mir oder bist du mir feindlich gesinnt? Willst du mir etwas sagen oder willst du nur mein Haus besetzen und mich aus ihm herauswerfen?" Auf meine Gedanken achten – das ist eine wichtige Lebensübung. Gedanken können heilsam sein, sie können uns aber auch schaden.

Wir brauchen die Achtsamkeit, den Wächter, der jeden Gedanken, der eindringen möchte in unser inneres Lebenshaus, daraufhin befragt, ob er uns gut oder nicht, ob er ein Hausbesetzer ist, der sich in unserem Haus breit macht und uns das Wohnrecht darin streitig macht. Der Wächter wacht. Er schläft nicht. Er schützt mein Haus, damit ich in Ruhe und Sicherheit darin wohnen kann.

Gönnen wir uns gute Wächter für die Tür, die in unser Herz führt, und für die Zunge – für das Tor, das nach außen aufgeht und aus dem oft unüberlegte Worte strömen, die uns und anderen nicht gut tun.

Custodíre", achtsam sein, heißt nicht: kontrollieren. Wer seine Gedanken kontrollieren möchte, dem geraten sie sicher außer Kontrolle. Es geht darum, wach zu sein, achtsam und aufmerksam zu leben, in Berührung zu sein mit sich selbst und mit dem, was ist. Die Psychologen sagen, die größte Krankheit unserer Zeit sei die Beziehungslosigkeit; die Menschen hätten die Beziehung zu sich, zu den Dingen, zu den Menschen und zu Gott verloren. Wer keine Beziehung zu den Dingen hat, der geht achtlos mit ihnen um. Wer unfähig ist, in Beziehung zu einem Menschen zu treten, der übersieht das Geheimnis des andern. Er achtet nicht auf die Regungen seiner Seele.

Wer die innige Beziehung zu sich selbst nicht kennt, ist nie bei sich, ist nie wirklich „zu Hause". Er ist überall und nirgends. Er klagt darüber, dass er sich allein und einsam fühlt. Aber er ist nicht bei sich. Er schenkt sich selbst keine Nähe. Umso mehr sehnt er sich nach der Nähe von Menschen. Aber wenn jemand ihm nahe kommt, kann er die Nähe nicht ertragen.

Versuche einmal, bewusst in Beziehung zu kommen zu dem, was du gerade tust, die Beziehung zu spüren zu dem, was du gerade berührst. Nimm die Beziehung wahr zu dem Baum, neben dem du stehst, zu der Blume, die vor dir blüht. Du wirst entdecken, wie die Beziehung zu den Dingen alles in ein neues Licht taucht. Nimm die Beziehung zu dem Werkzeug wahr, das du in die Hand nimmst, zu deinem Computer, zu dem Buch, das du gerade liest. Du wirst merken, dass es nicht tote Gegenstände sind. Auf einmal beginnen sie zu leuchten. Sie werden für dich wichtig. Wenn du die Beziehung spürst, wirst du von alleine achtsam mit den Dingen umgehen.

Wer eine Beziehung aufgebaut hat zu einem Stein, den ihm ein Freund oder eine Freundin geschenkt hat, für den beginnt der Stein auf einmal zu leben, zu reden. Er erzählt ihm von seinem Freund. Er erzählt ihm von den Orten, an denen er gelegen hat. Er erzählt ihm von seiner Sehnsucht, mit zu bauen an einem hohen Dom. Ich kenne einen Schreiner, der begeistert erzählen konnte von dem, was er im Holz eines Baumes wahrnahm. Er war in Beziehung zum Holz. Er hat es ehrfürchtig berührt. Es war für ihn wertvoll und liebenswert.

Achtsam sein ist keine Leistung, die wir vollbringen könnten. Vielmehr will uns die Achtsamkeit die Kunst lehren, intensiv zu leben; sie will uns zur „Lust am Leben" einladen. Wer ganz im Augenblick lebt, der kann ihn kosten und genießen; für den wird jeder Augenblick zur Erfahrung der Fülle des Lebens. Er braucht sich nur ins Gras zu legen, dann wird ihm das Paradies der Farben und Formen aufgehen. So rät es der buddhistische Mönch Thich Nhat Hanh seinen Schülern. Er meint: Wenn wir nicht glücklich sind, dann liegt das an der fehlenden Achtsamkeit. Wer achtsam durch einen Herbstwald geht, dem wird das Wunder der Farben aufgehen, die der Herbst ihm vor Augen führt.

Der Herbst ist ein Maler, den wohl kein menschlicher Maler zu übertreffen vermag. Der Achtsame nimmt die vielen Wunder wahr, die ihm der Wald bietet, das Wunder des einfallenden Lichtes. Wenn ich durch den Steigerwald wandere, bin ich immer fasziniert von dem Spiel des Lichtes, das der Buchenwald inszeniert. Und ich staune immer wieder vor den hohen Buchen, die mir wie Säulen in einem gotischen Dom vorkommen. Ich wandere durch den Wald wie durch einen hohen Dom. Ich schreite achtsam. Ich spüre: Das Geheimnis umgibt mich, die Weite, die Schönheit Gottes, die sich in der Schöpfung spiegelt.

Für den Achtsamen braucht es keine weiten Reisen. Ein einfacher Spaziergang birgt alles in sich, wonach sich das Herz sehnt.

Achtsamkeit ist auch ein Schutz vor dem Bösen, vor dem, was mich am Leben hindert. So fordert Benedikt vom Mönch, dass er sich allzeit in Acht nimmt „vor Sünden und Fehlern der Gedanken oder der Zunge, der Hände, der Füße oder des Eigenwillens wie auch der Begierden des Fleisches". Das klingt für uns heute eher negativ. Aber Benedikt rechnet damit, dass sich unser Denken und Reden, unser Handeln und unser Gehen verselbständigen. Dann gehen wir nicht mehr achtsam selber, sondern wir werden gegangen. Wir leben nicht, sondern werden gelebt. Wir sprechen nicht bewusst, sondern es sprudelt unkontrolliert aus uns heraus. Wer unbewusst und unbedacht redet und handelt, schadet sich selbst – und anderen. Achtsamkeit bewahrt mich vor unbewusster Selbstschädigung.

Achtsam sein ist die Kunst, aus dem Herzen zu reden und zu handeln, angemessen und in Beziehung zu mir und zu anderen das zu äußern, was mir am Herzen liegt.

Wir können achtsam sein konkret einüben, indem wir bewusst und wachsam die Dinge unseres Alltags in die Hand nehmen. Ich gehe behutsam mit meinem Kugelschreiber um, mit meinem PC, mit den Büchern, die ich lese. Ich verlasse achtsam mein Zimmer, nehme bewusst die Schwelle wahr, über die ich in neue Räume hineingehe. Ich spüre die frische Luft. Ich nehme die Sonnenstrahlen wahr, die mich wärmen. Ich bin in jedem Augenblick. Und ich bin in meinen Sinnen. Ich schaue, höre, rieche, betaste das, was ich in die Hand nehme. Es ist eine einfache Übung, achtsam mit allem umzugehen. Dieses konkrete Üben sammelt mich. Es bringt mich in Berührung mit den Dingen und mit mir selbst. Ich spüre mich auf neue Weise. Ich bin ganz gegenwärtig. Ich fühle mich lebendig ...

Ein wichtiger Aspekt des Achtsamseins liegt darin, dass ich das, was ich tue, was ich berühre, was ich erlebe, nicht bewerte. Ich bewerte auch meine Gedanken nicht, die in mir auftauchen. Ich nehme nur wahr, was ist, ohne es gleich zu beurteilen. Es ist so, wie es ist. Ich versuche, es zu berühren, zu spüren, wie es sich anfühlt. Viele Menschen kommen nicht zur Ruhe, weil sie alles, was sie tun, sofort bewerten. Und – meist entspricht ihr Handeln nicht dem Urteil ihres Verstandes. So sind sie unzufrieden. Wenn ich achtsam spüre, bewerte ich nicht. Ich komme einfach in Berührung mit den Dingen. Und was ich wahrnehme, ohne es zu bewerten, das kann ich auch loslassen.

Ich verzichte darauf, gegen meine Gedanken zu kämpfen. Ich nehme sie wahr und lasse sie sein. Dann verziehen sie sich von alleine. Oder aber sie wandeln sich. Auf jeden Fall werden sie mich nicht mehr im Griff haben.

Achtsamsein hängt eng mit dem Behutsamsein zusammen. Wer achtsam mit den Dingen umgeht, der ist auch behutsam. „Behutsam" kommt von „Obhut, Bewachung,

Fürsorge". Der behutsame Mensch sorgt für das, was er tut. Er achtet darauf, dass alles gut geht. Im Wort „behutsam" steckt auch der „Hut". Ich bedecke etwas schützend, wenn ich es behutsam behandle. Ich setze es nicht den Angriffen feindlicher Mächte aus. Ich nehme etwas in die Hand. Ich halte meine Hand schützend über es.

In den beiden Worten „achtsam und behutsam" begegnen wir der Nachsilbe „sam". „Sam" bedeutet „mit etwas übereinstimmend". Wer achtsam ist, stimmt mit dem überein, was er tut. Und er ist gesammelt bei dem, was er tut. Er bringt sich selbst und das, was er berührt, zusammen. Und er ist auch in sich selbst gesammelt. Er vereinigt in sich, was sonst auseinander strebt. Er lässt sich nicht zerstreuen, sondern ist bei sich und in Berührung mit sich selbst und dem, was ist. „Sam" hängt auch mit „sanft" zusammen.

Der Sanfte passt gut zusammen mit anderen Menschen. Er lebt friedlich mit ihnen.

Und er geht sanft um mit den Dingen. Er spürt die Einheit mit dem, was er tut und berührt. Er geht sanft mit all seinen Werkzeugen um: Der Sanfte fühlt sich verbunden mit dem, was er in die Hand nimmt.

Sanft ist der, der zusammen ist mit sich selbst, mit den verschiedenen Bedürfnissen und Wünschen seiner Seele, mit seinen Leidenschaften und Emotionen. Der Sanfte lebt in Frieden auch mit den Gegensätzen in seinem Herzen. Er geht sanft um mit den Menschen, weil er die innere Verbindung mit ihnen spürt. Wer in Beziehung ist mit den Dingen und mit den Menschen, der ist auch sanft. Er braucht sich nicht vor Grobheit und Härte hüten. Die Achtsamkeit entspringt seiner Sanftheit, seiner Beziehung zu den Dingen, zu sich und zu den Menschen. Und sie ist Ausdruck seines Zusammengehörigkeitsgefühls.

Der achtsame, behutsame Mensch fühlt sich mit allem eins. Er fühlt sich zugehörig zur Welt, zu den Dingen, zu den Menschen.

Evagrius Ponticus, der wichtigste Schriftsteller des frühen Mönchtums (345-399), hat die Sanftheit als Ausdruck echter Spiritualität beschrieben. Er meint, ein grober Mönch zeige nur, dass er von Spiritualität nichts verstanden habe. Er kann noch so asketisch sein, es wird ihm nichts helfen, weil er nicht in Berührung ist mit sich und den Menschen; er kämpft gegen sich und fühlt sich nicht eins mit sich. Evagrius Ponticus preist die Sanftmut Jesu, der einlädt, sanftmütig und demütig von Herzen zu werden (vgl. Matthäus 11,29). Und er stellt uns Mose vor Augen, von dem die Schrift sagt, dass er sanftmütiger sei als alle übrigen Menschen.

Das deutsche Wort „Sanftmut" zeigt, dass es Mut braucht, um sanft zu sein, um mit den Gegensätzen der eigenen Seele verbunden zu bleiben und friedlich zusammen zu leben. Und es braucht Mut, die Beziehung zu den Menschen durchzuhalten, selbst wenn uns feindselige Gefühle entgegenkommen. Mut ist notwendig, damit wir sanft bleiben mit uns selbst und den Menschen, damit wir achtsam und behutsam umgehen mit allem, was ist.

Sanftmut und Achtsamkeit gehören zusammen. Ich achte auf den Augenblick. Ich habe Hochachtung vor jedem Lufthauch, vor dem Werkzeug, das ich in die Hand nehme, vor dem Pullover, den ich achtsam anziehe, vor der Brille, die ich aufsetze. Ich gehe behutsam meinen Weg. Ich ziehe den Hut vor jedem Schritt, den ich gehe. Denn jeder Schritt führt mich zum Leben, wenn ich ihn nur achtsam genug tue.

So sind für mich Achtsamkeit, Behutsamkeit und Sanftmut Türen zum wahren, bewussten Leben.

Wenn du achtsam diese Zeilen gelesen hast, wirst du vielleicht keine ganz neuen Erkenntnisse erlangt haben. Aber vielleicht fühlst du dich jetzt anders. Vielleicht hat dich das achtsame Lesen ruhiger gemacht. Es hat dich in eine andere Welt eingetaucht. Versuche nun nach dem Lesen, einmal ganz langsam durch den Raum zu gehen. Denke nicht an das, was du gelesen hast. Versuche nur das, was dir beim Lesen aufgegangen ist, wie eine Schale mit gefülltem Wasser ganz langsam durch den Raum zu tragen. Gehe langsam jeden Schritt, so dass du das Wasser nicht verschüttest. Dann wirst du spüren, dass du etwas Kostbares in dir und mit dir trägst.

Achte darauf, dass du diesen Schatz nicht achtlos wegwirfst, sondern achtsam trägst und den Menschen davon austeilst, denen du begegnest.

Das Glück der Begegnung

Es waren vor allem jüdische Philosophen wie Martin Buber und Franz Rosenzweig, die das Geheimnis der Begegnung bedacht haben. Für Martin Buber ist die Begegnung mit dem andern Menschen und die Begegnung mit Gott eine wesentliche Voraussetzung, dass der Mensch zu sich selbst findet, dass er sein eigenes Selbst entdecken kann. Sein berühmter Satz lautet: „Ich werde am Du." In der Begegnung erfahre ich, wer ich wirklich bin. Da nehme ich Seiten in mir wahr, die mir bisher verborgen waren. Da wird in mir lebendig, was mir bisher verborgen war und noch nicht leben konnte. Begegnung weckt neues Leben in mir.

Die griechische Philosophie und Literatur immer schon das Geheimnis der Begegnung bedacht. Die Griechen waren das Volk der Freundschaft. Und zur Freundschaft gehört die Begegnung. Die griechischen Epen haben wunderbare Begegnungsgeschichten erzählt. Einer, der in dieser Erzähltradition groß geworden ist, ist der Evangelist Lukas. Er erzählt in seinem Evangelium von Begegnungen, die zu Herzen gehen. Ich möchte seine Begegnungsgeschichten als Bilder dafür sehen, was auch heute bei uns in einer Begegnung geschieht, wenn sie gelingt.

Man kann über Begegnung nur in Bildern sprechen, in Bildern, die sich in uns einbilden und uns in Berührung bringen mit unserer Sehnsucht nach gelingender Begegnung.

Das erste Bild für eine gelingende Begegnung ist für mich die Szene, in der ein Engel in das Haus Marias von Nazaret tritt und ihr die Geburt eines Sohnes verkündet. Wenn eine Begegnung glückt, haben wir oft den Eindruck, dass ein Engel uns begegnet ist. Der andere Mensch erscheint uns wie ein Engel, den Gott gesandt hat, damit er uns jetzt in diesem Augenblick ein Wort zuspricht, das uns aufrichtet und verwandelt. Der Engel verheißt Maria ein Kind.

Begegnung ist immer schöpferisch. Sie bringt in mir etwas in Bewegung. Sie bringt mein wahres Sein zum Vorschein. Sie schafft Neues in mir. Sie lässt ein Kind in mir geboren werden: Bild für das Neue und Ursprüngliche, das in mir wachsen möchte.

Weil ein Engel ihr begegnet ist, macht sich Maria auf den Weg zu ihrer Base Elisabeth. Sie wird nun selbst zum Engel, der in Elisabeth neues Leben weckt. Lukas zeigt uns in einem schönen Bild, was eine gelingende Begegnung in uns hervorzulocken vermag. In Elisabeths Leib „hüpft ihr Kind auf": Sie wird lebendig. Sie spürt sich. Sie spürt das Neue, Unverfälschte, Ursprüngliche in sich. Begegnung erzeugt immer Freude, Lebendigkeit, Echtheit. Ich komme in der Begegnung mit einem anderen Menschen in Berührung mit meinem wahren Wesen, mit dem einmaligen und unverfälschten Bild, das Gott sich von mir gemacht hat. Ich entdecke in mir Quellen, die bisher verschüttet waren. Es hüpft etwas in mir auf. Ich bin bewegt. Und ich bringe nun auch um mich herum etwas in Bewegung.

Das Glück der Begegnung

Elisabeth segnet Maria: Die Ältere spricht der jüngeren Frau Segen zu. Das ist für mich ein schönes Bild für Begegnung. Begegnung bringt Segen. Segnen heißt vom lateinischen Wort „benedícere": Gutes sagen, gut über einen anderen sprechen. Ich kenne viele Menschen, die sich verflucht fühlen. Sie haben in ihrer Kindheit viele Fluchworte gehört: „Es ist unmöglich, wie du bist. Ich kann dich nicht ausstehen. Geh weg von mir!" Solche Menschen sehnen sich nach segnenden Worten, die ihnen zusprechen, dass sie in dieser Welt willkommen sind, dass Gutes in ihnen ist. Zur Begegnung gehören Worte, die das Gute im anderen ansprechen. Segensworte locken das Gute im anderen hervor. Wem Gutes zugesprochen wird, der vermag nun selbst an das Gute in sich zu glauben.

Als das Kind geboren war, sind es Hirten, die als Erste dem Kind begegnen. Einfache Menschen sind oft fähiger zu wirklicher Begegnung als Menschen, die alles von ihrem

Verstand her angehen. Es ist eine intime Begegnung, die Lukas schildert, eine Begegnung, die seit jeher die Herzen der Menschen berührt hat. In dem Kind erkennen die Hirten den, der ihre Wunden heilt, der Licht bringt in ihre Finsternis, der Hoffnung stiftet und ihr Herz mit Frieden erfüllt.

Wenn Begegnung gelingt, dann geschieht Heilung unserer Wunden. Wir fühlen uns bedingungslos geliebt. Die Wunden schmerzen nicht mehr. Und wie bei den Hirten wird unser Herz hell und warm. Wir finden inneren Frieden und eine stille Freude, die tiefer ist als alles Leid, das uns umgibt.

Welche Wunder Begegnung bewirken kann, erleben wir, wenn alte Menschen einem Kind begegnen. Das Kind lockt auch in alten, hart gewordenen Menschen ein Lächeln hervor. Das Kind urteilt und bewertet nicht. Es wendet sich mit seiner ursprünglichen Freude und Lebendigkeit dem alten Mann zu und lockt in ihm neues Leben hervor. Der Alte wird wieder jung durch die Begegnung mit einem Kind. Lukas schildert eine solche Begegnung zwischen einem alten Mann mit dem Kind Jesus. Es ist Simeon, der im Kind ein Licht sieht, das allen Menschen leuchtet. Begegnung geht immer über zwei Menschen hinaus, die sich treffen. Sie eröffnet einen größeren Horizont. Sie lässt mich die ganze Welt mit neuen Augen sehen. Die Welt wird heller, wenn zwei Menschen wirklich einander begegnen.

Weise alte Frauen sind oft Meisterinnen der Begegnung. Sie haben nichts zu verlieren. Sie stehen über dem Drang, sich beweisen oder darstellen zu müssen. Sie stehen in sich selbst, frei von allem Erwartungsdruck. Eine solche weise alte Frau war Hanna, von der Lukas erzählt. Sie ist vierundachtzig Jahre alt. Die Vier steht für die vier Elemente: Die Frau steht mit beiden Beinen auf dem Boden. Die Acht weist auf die Transzendenz und Ewigkeit: Hanna ist eingeweiht in das Geheimnis der Ewigkeit. Als sie dem Kind begegnet, erkennt sie in ihm sein wahres Geheimnis. Wir dürfen dankbar sein, wenn wir einer weisen Frau begegnen, die durch allen äußeren Schein hindurchsieht und bekundet, wer wir in Wahrheit sind. Eine solche Begegnung hinterlässt in uns einen tiefen Eindruck. Wir kommen mit uns selbst in Berührung.

Wir begegnen nicht nur angenehmen und freundlichen Menschen, sondern auch Menschen, die uns schaden wollen. Lukas erzählt uns von der Begegnung Jesu mit dem Teufel, mit dem, der alles durcheinander wirft. Es gibt Begegnungen, die uns verwirren. Wir spüren, dass wir uns in Acht nehmen müssen vor dem andern. Aber auch in diesen Begegnungen liegt eine Chance. Wir begegnen in ihr unserem eigenen Schatten, den wir bisher verdrängt haben. Und wir begegnen unserer Gefährdung. Menschwerdung gelingt nicht von alleine. Wir müssen der eigenen Wahrheit begegnen, damit wir ohne Angst vor uns selbst zu leben vermögen.

In manchen Begegnungen schauen wir in die Abgründe unserer Seele. Wir spüren, wie nah der Sprung in den Abgrund liegt. So mahnt uns die Begegnung mit dem Dunklen, die eigene Finsternis in das Licht Gottes zu halten.

Es gibt auch Begegnungen, die misslingen. Im Wort „Begegnung" steckt das „gegen". Wenn ich dem andern entgegentrete, kann ich im Gegenüber eins werden mit ihm. Ich kann aber auch in der Gegnerschaft verharren. Ich schaue ihn nicht an, um sein Geheimnis zu erkennen und im Schauen mit ihm eins zu werden. Vielmehr sehe ich ihn feindlich an. Als Jesus in der Synagoge von Nazaret seinen eigenen Landsleuten begegnet, erlebt er ein Scheitern der Begegnung. Der Grund liegt darin, dass seine Verwandten und Bekannten ihn auf ein bestimmtes Bild festlegen. Sie schauen ihn mit voreingenommenen Blicken an. Wirkliche Begegnung ist immer offen für Neues und Unbekanntes. In der Begegnung

bin ich bereit, mich in Frage stellen und mich verwandeln zu lassen. Wenn ich in die Begegnung mit vorgefertigten Bildern und Meinungen gehe, wird sie misslingen.

Aus einer wirklichen Begegnung gehe ich anders heraus, als ich hineingegangen bin. Doch wenn ich immer der Alte bleiben und mich nur selbst rechtfertigen und verteidigen will, bin ich unfähig, einem andern wirklich zu begegnen und mich auf Neues, Unbekanntes wirklich einzulassen.

Begegnung kann manchmal auch ein Kampf sein. Zu Beginn prallen die Gegensätze aufeinander. Doch wenn wir bereit sind, uns einander zu stellen, kann ein neues Miteinander entstehen und Heilung der Wunden. Von so einer kämpferischen Begegnung erzählt Lukas. In der Synagoge von Kafarnaum hält Jesus seine erste Predigt, und ein Mann, der von einem unreinen Geist besessen ist, schreit auf: Wenn ich in einer Begegnung meiner eigenen Wahrheit begegne, die ich bisher verdrängt habe, dann wehre ich mich dagegen. Es bedarf einer ehrlichen Selbstbegegnung, damit Begegnung gelingt. Ich muss frei werden von den trüben Geistern in mir, von dem Mechanismus, meine Probleme auf einen andern zu projizieren.

Wenn ich mich auf die Begegnung mit dem einlasse, der mir zunächst fremd und unverständlich erscheint, dann geschieht in mir Heilung. Die Begegnung befreit mich von meinen neurotischen Lebensmustern und führt mich zu meinem wahren Wesen.

Es gibt Begegnungen, die uns tief berühren. Wir haben den Eindruck, einem Menschen begegnet zu sein, in dem etwas Heiliges ist. Wir können uns nur verneigen vor dem Geheimnisvollen, das uns da im andern aufscheint. So ist die Begegnung der ersten Jünger mit Jesus. Jesus trägt ihnen auf, die Netze zum Fischen auszuwerfen. Als sich ihre Netze wider Erwarten mit einer großen Menge Fische füllen, fällt Petrus vor Jesus nieder. Er erkennt etwas in ihm, das sein eigenes

Denken übersteigt. Er spürt ein göttliches Geheimnis in ihm. Und zugleich erkennt er, dass er an sich selbst vorbeigelebt hat. Indem er das Wesen des andern erfährt, spürt er schmerzlich seine eigene Lebenslüge.

Wenn ich dem andern unvoreingenommen begegne, wird mit klar: Ich muss mein Leben ändern. Ich kann nicht einfach so weiterleben. Echte Begegnung mit dem andern eröffnet einen neuen Anfang.

Die Begegnung zwischen Mann und Frau hat oft eine erotische Ausstrahlung. Da strömt etwas zwischen ihnen hin und her. Man spürt es förmlich, wie es in der Begegnung Jesu mit der Sünderin erotisch knistert. Lukas erzählt es uns meisterhaft, wie eine Sünderin es wagt, ohne eingeladen zu sein, in das Haus eines Pharisäers zu treten und sich Jesus zu nähern. Sie wäscht mit ihren Tränen Jesu Füße, trocknet sie mit ihren Haaren und salbt sie mit kostbarem Öl. Jesus wehrt sich nicht gegen die erotische Berührung der Frau. Er erkennt in ihr ihre Liebe und ihre Sehnsucht, nicht verurteilt zu werden, sondern ganz angenommen zu sein. So spricht er ihr zu, dass sie bedingungslos geliebt ist. Jesus will die Frau nicht für sich gewinnen, sondern für das Leben.

Wenn wir in einer erotischen Begegnung den andern nicht erobern, sondern achten und ehren, dann entsteht eine große Nähe und Dichte, und zugleich öffnet uns die Begegnung für die reine Liebe, die auf dem Grund unserer Seele strömt.

Die tiefste Begegnung, die wir erfahren dürfen, ist die Begegnung mit Gott. Wir können Gott in der Stille oder im Gebet erfahren. Wir können ihm in all der Schönheit der Schöpfung begegnen. Und manchmal können wir ihn auch im Antlitz eines Menschen aufleuchten sehen. So ging es den Jüngern, als sie mit Jesus allein auf einem Berg waren. Während Jesus betete, verklärte sich sein Antlitz. Solche Begegnungen kennen wir. Da fängt das Gesicht des andern auf einmal an zu strahlen. Wir sehen etwas, was wir bisher nie wahrgenommen haben. Auf einmal wird alles klar, durchsichtig auf den Grund hin.

Wir spüren: In diesem Menschen strahlt uns etwas von Gottes lichter Schönheit entgegen. Da begegnen wir Gott selbst. Eine solche Begegnung würden wir am liebsten festhalten. Wie Petrus möchten wir drei Hütten bauen, um uns in dieser Erfahrung einzurichten. Doch wir müssen immer wieder in den Alltag zurück.

Recht oft nehmen wir in einer Begegnung den andern gar nicht in seiner Einmaligkeit wahr. Wir legen ihn fest auf unsere Sichtweise. Das verhindert wirkliche Begegnung. Als Jesus in das Haus von Martha und Maria kommt, macht sich Martha sofort ans Bedienen. Sie meint, Jesus hätte kein anderes Bedürfnis als zu essen. Maria, ihre Schwester, setzt sich zu Füßen Jesu. Sie will erst hören, was er zu sagen hat. Martha und Maria sind zwei Seiten in uns. Oft sind wir wie Martha, blind für die wahren Bedürfnisse des andern. Wir fangen gleich zu agieren an, ohne hinzuhören, was der andere uns zu sagen hat.

Begegnung gelingt nur, wenn wir uns Zeit nehmen, in den andern hineinzuhorchen. Was bewegt ihn? Wonach sehnt er sich? Was täte ihm gut? Begegnung verlangt ein Hören. Dann vermag ich auch dem anderen und mir selbst zu gehören.

Begegnung misslingt, wenn wir den andern gar nicht sehen. Wir gehen achtlos an ihm vorüber. Wir haben heute viele Kontakte, aber wenig Begegnungen. Denn wir sind so sehr auf unseren Weg fixiert, dass wir gar nicht wahrnehmen, wie es dem andern wirklich geht. Jesus erzählt uns von dem Samariter, der den ausgeplünderten und halbtot geschlagenen Mann am Wegrand nicht übersieht wie der Priester und Levit. Vielmehr erkennt er sofort die Lage dieses Mannes. Und er tut, was der Verletzte braucht.

Wenn wir zu sehr mit uns und unseren

Problemen beschäftigt sind, vermögen wir dem andern nicht wirklich zu begegnen. Wir sehen über seine Bedürfnisse hinweg und verletzen ihn dadurch. Begegnung verlangt den Mut, mich auf den andern einzulassen und ihn ein Stück weit mir aufzuladen, für ihn zu sorgen.

Manchmal wagen wir es nicht, einem lieben Menschen zu begegnen. Wir können uns selbst nicht mehr aushalten. Wir haben Schuldgefühle. Sie hindern uns, dem andern in die Augen zu treten. In so einer Situation war der verlorene Sohn, von dem Jesus erzählt. Er hatte sein Leben vergeudet. Jetzt ist er am Nullpunkt angekommen. In seiner Verzweiflung bleibt ihm nichts anderes übrig, als zum Vater zurückzukehren. Und der Vater? Er läuft ihm voll Erbarmen entgegen und umarmt ihn zärtlich. Er nimmt dem Sohn alle Angst und Selbstvorwürfe aus dem Herzen. Die Begegnung wird zu einem Fest. Anstatt dem Sohn irgendetwas vorzuwerfen, feiert er mit ihm, in ausgelassener Freude darüber, dass er seinen Sohn, der sich selbst verloren hatte, in die Arme schließen darf. Er weiß: Sein Sohn war tot. Doch nun hat er in der Begegnung mit dem Vater das Leben wiedergefunden.

Echte Begegnung verurteilt und bewertet nicht. Sie lockt vielmehr das Gute im andern hervor. Sie bringt ihn in Berührung mit dem guten Kern, der in ihm steckt. Anstatt ihn verändern zu wollen, nimmt sie ihn bedingungslos an. Gerade diese Erfahrung des Angenommenseins gibt dem andern die Möglichkeit, sich zu ändern. Wenn aber ich den andern ändern will, erlebt er das als die Botschaft: „Ich bin so, wie ich bin, nicht gut. Der andere will mich nur annehmen, wenn ich anders bin." Jesus vermittelt dem kleinen Zöllner Zachäus, der seine Minderwertigkeitskomplexe dadurch zu kompensieren suchte, möglichst viel Geld zu scheffeln, dass er so sein darf, wie er ist. Das verwandelt ihn.

Jetzt kommt er in Berührung mit seinem guten Kern. Jetzt hat er es nicht mehr nötig anzugeben. Jetzt ist er voller Freude über die Begegnung mit einem Menschen, der ihm vertraut. Solange er verachtet, verurteilt wurde, musste er immer rigoroser werden in seinem Bemühen, andere klein und sich mit seinem Besitz groß zu machen und über sie zu stellen.

Echte Begegnung schafft dem anderen einen Raum, in dem er sich in Freiheit wandeln kann. Im Raum bedingungsloser Liebe darf er sich seines Lebens freuen. Und die Freude macht ihn frei, seine negativen Verhaltensweisen aufzugeben. Solange wir den andern ändern wollen, versteift er sich auf seine Verhaltensweisen. Er rechtfertigt sich. Echte Begegnung ist immer geprägt vom Vertrauen in den guten Kern des andern. Begegnung kann Wunder wirken. Denn sie lockt den guten Kern im andern hervor und befreit ihn zu Verhaltensweisen, die jene, die ihn verurteilt haben, nie in ihm vermutet hätten.

Begegnungen geschehen oft unvorhergesehen und in Situationen, die aussichtslos erscheinen. Selbst unter extremen Umständen kann Begegnung gelingen. Lukas erzählt von so einer Begegnung im letzten Augenblick. Jesus hängt am Kreuz zwischen zwei Verbrechern. Alle drei ringen mit dem Tod. In diesem Augenblick wendet sich der eine Verbrecher Jesus zu mit der Bitte, er solle an ihn denken, wenn er in sein Reich komme. Jesus wendet sich ihm zu mit den Worten: „Heute noch wirst du mit mir im Paradies sein." So geschieht im letzten Augenblick eine Begegnung, die den Verbrecher verwandelt. Begegnung bricht sogar in dem etwas auf, der sein Leben durch seine Untaten zerbrochen hat.

Es ist nie zu spät für eine Begegnung, die uns heilt und ganz macht und uns ein neues Leben verheißt.

Oft sind wir in uns gefangen, enttäuscht von unserem Leben, von dem, was uns widerfahren ist. So liefen auch zwei Männer vor ihrer Enttäuschung davon. Sie hatten ihre Hoffnung auf Jesus gesetzt. Doch ihre Hoffnung ist zerbrochen. Auf ihrem Weg begegnet ihnen Jesus, unerkannt. Er hört genau hin, was sie ihm erzählen. Er wertet ihre Worte nicht. Aber er versucht, ihnen ihre Erfahrungen zu deuten und sie in ein anderes Licht zu rücken. Ihr Herz beginnt auf einmal zu brennen. Und sie möchten, dass er bei ihnen bleibe. Er kehrt mit ihnen ein und bricht das Brot für sie. Jetzt gehen ihnen die Augen auf und sie erkennen ihn. Das ist die schönste Beschreibung von Begegnung, die ich kenne. Wenn Begegnung gelingt, dann brennt mein Herz und mir gehen die Augen auf. Ich erkenne das Geheimnis meines Lebens und erlebe Auferstehung. Neues Leben wird für mich möglich. Ich kann anders dorthin zurückkehren, woher ich komme.

„Ich wird am Du." So hat Martin Buber das Wesen der Begegnung beschrieben. In der Begegnung finde ich zu meinem wahren

Selbst. Als Jesus nach seiner Auferstehung begegnet, sagt er: „Ich bin ich selbst." Weil Jesus ganz er selber ist, ermöglicht er es auch seinen Jüngern, sie selber zu werden. Wir meinen, dass wir ganz wir selbst sind. Aber bin ich wirklich ich selbst, wenn ich arbeite, wenn ich mit einem andern rede? Oder passe ich mich anderen an? Wirkliche Begegnung befreit mich von allen Rollen, die ich spiele, und von allen Masken, die ich aufsetze. Sie führt mich zu mir selbst. Und wenn der andere ganz er selber ist, bekomme ich den Mut, zu meinem eigentlichen Ich ja zu sagen, anstatt ein aufgesetztes Ich darzustellen. Je authentischer der andere, desto eher finde ich zu meiner eigenen Wahrheit.

So ist wohl die schönste Erkenntnis, die wir am Ende der vielen Begegnungsgeschichten formulieren können: „Ich bin ich selbst. Ich bin ganz der geworden, als der mich Gott geschaffen und gemeint hat."

Das Glück der Dankbarkeit

Das Glück der Dankbarkeit

Unser Wort „danken" kommt von „denken". Nur wer denkt, kann dankbar sein. Raymond Saint-Jean nennt die Dankbarkeit „das Gedächtnis des Herzens". Der Dankbare denkt mit dem Herzen. Er nimmt wahr, was ihm täglich geschenkt wird. Der Undankbare ist kein wirklicher Mensch. Er denkt nicht, sondern er vergisst, was ihm täglich geschenkt ist. Daher hat der römische Philosoph Cicero die Undankbarkeit als Vergessen bezeichnet. Und viele Denker haben die Undankbarkeit eine der elementarsten Sünden genannt. Der Talmud sagt, Undank sei schlimmer als Diebstahl. Und Johann Wolfgang von Goethe meint: „Der Undank ist immer eine Art Schwäche. Ich habe nie gesehen, dass tüchtige Menschen wären undankbar gewesen." Dankbarkeit macht also den Menschen aus. Der Undankbare ist noch nicht wirklich Mensch geworden.

Schon die Römer haben sich viele Gedanken über die Dankbarkeit gemacht. Für Cicero ist es die wichtigste Eigenschaft des

Menschen. Sie ist VoraussetVoraussetzung für die „concordia", für die Gemeinschaft, für die Fähigkeit der Eintracht, für das Zusammenklingen der Herzen. Und das Fehlen der Dankbarkeit bedroht für ihn die Menschlichkeit, die „humanitas". Nur dankbare Menschen können Freundschaft eingehen und miteinander Gemeinschaft leben. Undankbare Menschen sind unangenehme Menschen. Mit ihnen möchte man am liebsten nichts zu tun haben. In der Nähe undankbarer Menschen fühlt man sich unwohl. Man hat das Gefühl, dass man es ihnen nie recht machen kann. So hält man sich von ihnen fern. Denn von ihnen geht eine negative und destruktive Stimmung aus.

Der Undankbare zerstört das Zusammenklingen der Herzen. Er vermag nicht zu feiern und ist letztlich unfähig zur Freude.

Für Cicero ist die Dankbarkeit die Mutter aller Tugenden. Und für den anderen römischen Philosophen, Seneca, ist die Undankbarkeit die Wurzel aller Verfehlungen und Vergehen. Die Römer haben die Dankbarkeit allerdings hauptsächlich als Gegenleistung verstanden. Wer mir etwas gegeben hat, dem schulde ich Dank, dem muss ich auch etwas schenken. Dankbarkeit war also nicht nur eine Gesinnung, sondern auch ein Tun. Doch das führte zu einer fast geschäftlichen Haltung. Gegen diese Verkommerzialisierung der Dankbarkeit setzt Cicero auf das dankbare Gedenken, die „grata memoria". Es ist nicht nur die dankbare Erinnerung an das, was war. Vielmehr ist es eine Gesinnung.

Dankbarkeit hat einen Blick für das Wertvolle meines Lebens. Und sie wacht darüber, dass nichts Wertvolles verloren geht.

Einem undankbaren Menschen etwas zu schenken fällt mir schwer. Ich habe das Gefühl, der andere kann sich nicht darüber freuen. So nimmt er mir selbst die Freude am Schenken. Ich habe das Gefühl, den andern kann ich nie zufrieden stellen. Immer hat er etwas auszusetzen. Oder aber er wehrt das Geschenk ab. Es sei doch nicht notwendig. Oder noch schlimmer: Er lasse sich nichts schenken. Er habe alles, was er brauche. Der Undankbare macht die Beziehung zu ihm schwierig. Ich kann tun und sagen, was ich will. Ich werde es ihm nie recht machen. Er denkt nicht über das nach, was ich ihm schenke oder sage. Er ist nur auf sich selbst fixiert. Und mit sich selbst ist er letztlich unzufrieden. Oft steckt hinter der Haltung der Undankbarkeit eine Unersättlichkeit. Anstatt dankbar etwas anzunehmen, verschlingt man alles. Aber man kann nie genug bekommen. Jedes Geschenk ist zu wenig.

Dankbarkeit wird zerstört durch eine Konsumhaltung und Anspruchshaltung: Mir steht alles zu. Mir steht zu, was im Supermarkt an Angeboten angepriesen wird. Ich brauche alles, was ich sehe. Ich kaufe mir alles, wonach mir gerade der Sinn steht. Ich muss meine Bedürfnisse sofort erfüllen. Ich kann nicht warten, bis mir jemand etwas schenkt. Diese Unfähigkeit zu warten hindert mich zugleich daran, etwas zu genießen. Die Tugend der Dankbarkeit braucht die Freiheit und Freiwilligkeit. Romano Guardini hat es so gesagt: „Wo die Freiheit aufhört, verschwindet der Dank. An seine Stelle tritt die Bestätigung, es sei geschehen, worauf Anspruch bestand."

In unserer Zeit wächst das Anspruchsdenken. Das vertreibt das dankbare Gedenken. Doch das Anspruchsdenken macht nicht glücklich. Zufrieden ist nur der dankbare Mensch.

Der dankbare Mensch vermag für alles zu danken. Er dankt schon am Morgen dafür, dass Gott ihm den neuen Tag geschenkt hat, dass er gesund aufstehen kann, dass er seine Familie hat, in der er sich geborgen weiß, dass er für andere etwas tun darf. Er dankt für den Sonnenaufgang, für das schöne Wetter, für das Haus, in dem er zu Hause sein kann. Er dankt für die Speisen, die so gut schmecken. Und er dankt dafür, dass er ein Herz hat, das zu lieben vermag. Nichts ist ihm selbstverständlich. Weil er über das, was er erlebt, nachdenkt, ist er dankbar. Er weiß, dass ihm letztlich seine Existenz selber geschenkt ist.

Alles, was ist, ist ihm gegeben. Er ist nicht der Schöpfer, sondern Geschöpf, das dafür dankbar ist, dass es geschaffen ist, dass es überhaupt ist und nicht nicht ist.

Zu danken vermag ich nur dem, der mir die Gaben mit Achtung schenkt. Wenn jemand durch seine Gabe mir zu verstehen gibt, dass er der große Wohltäter ist und ich der arme Wicht, der dankbar sein muss, dass er überhaupt etwas bekommt, dann fällt mir das Danken schwer. Oder wenn jemand mich durch sein Geschenk von sich abhängig machen möchte, ist es mir nicht möglich zu danken. Dankbarkeit setzt die Ehrfurcht vor dem voraus, dem die Gaben geschenkt werden. Gott gibt uns die Gaben, weil wir in seinen Augen wertvoll sind. Auch wir Menschen sollen immer in Achtung vor dem Geheimnis des andern geben. Jean Paul hat erkannt: „Gegen Liebe ist man nie undankbar, nur gegen Wohltaten." Wenn der Wohltäter sich über mich stellt, vergeht mir der Dank.

Von Zeit zu Zeit tut es gut, dankbar all dessen zu gedenken, was uns in unserer Lebensgeschichte geschenkt worden ist. Wenn ich dankbar bin für meine Eltern, dann muss ich sie nicht verherrlichen oder über ihre Grenzen hinwegsehen. Aber in meiner Dankbarkeit fixiere ich mich nicht auf die Verletzungen, die ich vielleicht erlebt habe. Ich sehe das, was sie mir gegeben haben. Und jeder Vater, jede Mutter hat ihren Kindern viel geschenkt. Die Eltern haben ihnen das Leben geschenkt. Sie haben für sie Zeit und Kraft geschenkt, Zuwendung, Liebe, Verstehen. Sie haben sich selbst ihnen geschenkt. In der Dankbarkeit meinen Eltern gegenüber erkenne ich die Wurzeln, aus denen ich lebe. Und ich werde dankbar für mich selbst, dafür dass ich so geworden bin, wie ich bin.

Wenn ich dankbar auf meine Lebensgeschichte blicke, dann fallen mir viele schöne Erinnerungen ein: das unbeschwerte Spielen, die Spaziergänge mit dem Vater am Sonntagnachmittag, die Feste im Jahr wie Weihnachten und Ostern, die eigenen Geburtstage und Namenstage, an denen ich viel Zuwendung erfahren habe. Die Kunst der Dankbarkeit besteht aber darin, auch für das zu danken, was auf den ersten Blick schwer war. Heute kann ich auch für die Defizite danken, die ich in der Kindheit erlebt habe. Und ich bin dankbar für die Krisen, die ich in meinem Leben durchgemacht habe. Ohne diese schwierigen Zeiten, in denen ich an mir selbst zweifelte, wäre ich nicht zu dem geworden, der ich jetzt bin. So kann ich auf alles dankbar zurückschauen und erfahre dadurch inneren Frieden. Ida Friederike Görres sieht in der Dankbarkeit die einzig wirksame Arznei gegen Traurigkeit.

Der dankbare Rückblick auf mein Leben führt mir viele Menschen vor Augen, für die ich dankbar sein kann, nicht nur für meine Eltern und Geschwister. Da fallen mir Lehrer ein, die mich herausgefordert und mir beigebracht haben, wie ich lernen soll. Da ist mein Novizenmeister, dem ich die Liebe zur Liturgie und viele Einsichten in den Reichtum der liturgischen Tradition verdanke. Da sind Freunde, mit denen ich ein Stück des Weges gegangen bin. Und es sind Autoren, für die ich dankbar bin. Ihre Bücher haben mir die Augen geöffnet für das Geheimnis meines Lebens und für das Geheimnis Gottes und der Menschen ...

Jedem, der versucht, dankbar auf die Menschen zu schauen, denen er in seinem Leben begegnet ist, wird erfahren, wie gut ihm das tut und wie viel er schon in seinem Leben geschenkt bekommen hat.

In der geistlichen Tradition wird empfohlen, gerade für schwierige Mitmenschen zu danken, und zwar nicht nur für die, die mir in der Vergangenheit das Leben schwer gemacht haben, sondern für die, mit denen ich heute

Schwierigkeiten habe. Wenn ich für einen Menschen danke, der mir auf die Nerven geht, dann lerne ich, ihn in einem andern Licht zu sehen. Ich bin nicht fixiert auf das Unangenehme und Harte in ihm. Ich erkenne im Danken, dass er von Gott geschaffen ist, eine unantastbare Würde und einen guten Kern hat und dass er sich nach Glück und Frieden sehnt. Dankbarkeit öffnet mir die Augen für das Geheimnis des andern. So verändert es meine Beziehung zu ihm. Und es ermöglicht ihm, sich angenommen zu fühlen.

Wer sich angenommen fühlt, braucht nicht mehr so stachlig zu sein. Er ist frei, seinen guten Kern auch nach außen zu leben, ohne Angst, dass er von anderen zertrampelt wird.

Dankbarkeit öffnet mir die Augen für meinen eigenen Wert. Allerdings ist das gar nicht so einfach, für sich selbst dankbar zu sein. Zu tief steckt in uns oft die Tendenz der Selbstablehnung. Wir möchten einen anderen Leib haben, eine andere Begabung, andere Entfaltungsmöglichkeiten. Doch wenn wir dem nachtrauern, was wir nicht haben, werden wir unfähig, dankbar zu sein für das, was uns geschenkt ist. Dankbarkeit verlangt aber zugleich ein Abschiednehmen von meinen Illusionen, wie ich sein sollte. Erst dann vermag ich zu danken für meine Art zu denken und zu fühlen, für meine Hände, die so flink und zierlich sind, für meinen Leib, der zwar nicht dem Schönheitsideal heutiger Mode entspricht, aber in dem meine Seele gerne wohnt. Dankbarkeit führt mich dazu, im Einklang zu sein mit mir selbst und eine tiefe Freude zu erleben, dass ich bin, wie ich bin.

Im Psalm 139 betet ein Mensch: „Ich danke dir, dass du mich so wunderbar gestaltet hast. Ich weiß: Staunenswert sind deine Werke." Wer so zu beten vermag, spürt das Wunder seiner Existenz. Er wird sich nicht beschweren, dass er so ist, wie er ist. Er braucht sich nicht mit anderen zu vergleichen und muss sich nicht als zu kurz gekommen fühlen. Vielmehr wird er dankbar auf das Wunder seines Daseins schauen, auf das Wunder seines Leibes und seiner Seele. Er nimmt seine eigene Schönheit wahr, das Wunder seiner Existenz. Und er wendet sich mit seinem Dank an Gott. Letztlich ist Gott der eigentliche Adressat unseres Dankes.

Wenn ich für jeden neuen Tag danke, wenn ich für alles danke, was das Leben mir immer wieder neu schenkt, dann richte ich mich letztlich an Gott, dem ich alles verdanke, was ich bin.

Danken kann nur der, der sich beschenken lassen kann. Doch diese Fähigkeit, sich beschenken zu lassen, geht heute immer mehr Menschen ab. Sie haben den Eindruck, dass sie sich alles verdienen müssen. Auch ein Geschenk müssen sie sich verdienen, indem sie die Erwartungen des Schenkers erfüllen oder indem sie so viel leisten, dass sie einen Anspruch auf die oder jene Gabe haben. Der Macher, der meint, er müsse alles selber machen, ist unfähig zum Dank. Es braucht wieder die Haltung des Empfangens. Empfangen setzt eine Haltung der Leere und Offenheit voraus. Wer sich alle seine Bedürfnisse selbst erfüllt, der kann nichts mehr empfangen. In ein volles Glas Wein kann man nichts mehr hineinschütten.

Viele Menschen setzen sich unter Druck, dass ihr Glas immer voll sein muss. Doch dann sind sie nicht mehr aufnahmebereit für das Wunder der Liebe, das ein anderer ihnen schenken möchte.

Oft erlebe ich Menschen, die ein Lob oder einen Dank kaum annehmen können. Wenn sie einer lobt, dann machen sie sich klein und meinen, dafür könnten sie nichts, das sei doch nicht der Rede wert. Doch damit machen sie es dem, der lobt, schwer. Und – letztlich möchten sie noch mehr Lob hören. Da hat es mich immer berührt, wenn jemand auf ein Lob hin einfach „danke" gesagt hat. Er hat damit seiner Freude über das Lob Ausdruck verliehen. Zugleich hat er mir damit zu verstehen gegeben, dass er das Lob weitergibt an Gott, der letztlich der Grund allen Gelingens ist.

Er konnte das Lob dankbar annehmen, weil er wusste, dass letztlich alles ein Geschenk ist und nicht eigenes Verdienst. Aber zugleich stand er zu seinem Anteil am Gelingen und konnte sich darüber freuen.

Dankbarkeit verwandelt mein Leben. „Wer anfängt zu danken, beginnt, das Leben mit neuen Augen zu sehen" (Irmela Hofmann). Albert Schweitzer gibt den Rat: „Wenn du dich schwach und matt und unglücklich fühlst, fang an zu danken, damit es besser mit dir werde." Wenn ich mein Leben mit Dankbarkeit anschaue, wird sich das Dunkle erhellen und das Bittere wird einen angenehmen Geschmack bekommen. Dankbarkeit bewahrt mich vor Kleinmut und Verbitterung und bringt mich Gott näher. Von dem humorvollen Heiligen Philipp Neri wird berichtet, dass er folgendes Abendgebet sprach: „Herr, ich danke dir, dass heute die Dinge nicht so gelaufen sind, wie ich wollte, sondern wie du wolltest."

Wer mit dieser Haltung der Dankbarkeit auf den vergangenen Tag schaut, der ärgert sich nicht, sondern für den wird alles zu einer Quelle der Freude und des Friedens.

Wenn ich jemandem dankbar bin, kann ich es mit Worten ausdrücken oder durch mein Verhalten. Das hat dann nichts mit einer Gegenleistung zu tun. Wenn ich dem andern nur aus Anstand eine Gegenleistung erbringe, dann sind wir „quitt". Ich lasse mir gleichsam meine Leistung „quittieren", um dem andern zu zeigen, dass jetzt keiner mehr etwas zu geben hat. Doch mit solcher Haltung stirbt die Dankbarkeit. Denn sie braucht die Freiheit. Aus Dankbarkeit verhalte ich mich dem andern gegenüber freundlich und hilfsbereit, nicht aus Berechnung und nicht des Ausgleichs wegen. Manchmal geben Eltern den

Kindern viel und erwarten dafür jahrelange Dankbarkeit. Solch geschuldete Dankbarkeit stößt bitter auf.

Nur wenn ich die Liebe meiner Eltern als freies Geschenk erfahren habe, kann ich dafür wirklich dankbar sein, durch Worte oder indem ich mit meinem Leben Antwort gebe auf das, was sie in mich hineingelegt haben.

Es gibt spontane Anlässe, bei denen ich dem andern danken kann. Wenn er mir den Weg in einer fremden Stadt erklärt, wenn er mir die Tür offen hält oder mir in der Straßenbahn den Platz anbietet, so sind das Gelegenheiten, ein Danke zu sagen. Und schon wächst eine Beziehung mitten in der Anonymität unserer Großstädte. Ein Danke verändert die Atmosphäre. Es macht sie persönlicher. Aber es gibt auch vorgegebene Anlässe, in denen wir dem andern bewusst einmal Dank sagen sollten. Da ist etwa sein Geburtstag. Wenn ich an diesem Tag dafür danke, dass er überhaupt da ist und dass er so ist, wie er ist, dann wird meine Gratulation nicht zur bloßen Floskel. Dann vermittle ich dem andern, wie wichtig er für mich ist.

Und wenn ich dieses Danke dann noch entfalte, indem ich aufzähle, was mir am andern wohltuend ins Auge fällt, dann fühlt er sich gewürdigt, dann entsteht auch in ihm Dankbarkeit für sein Leben.

Gott gegenüber drücke ich meinen Dank vor allem im Loben und Preisen aus. Ich lobe Gott für alle seine Wohltaten, für seine Schöpfung, für die Erlösung in Jesus Christus, für die Gnade, die er mir immer wieder erwiesen hat, und für mein Leben als solches. Im Danken bekenne ich, dass es nicht selbstverständlich ist, dass ich da bin. Und ich bringe zum Ausdruck, dass ich mein ganzes Sein Gott verdanken. Wir empfangen unser Sein in jedem Augenblick neu von Gott. In der Dankbarkeit drücken wir also letztlich aus, wer wir sind: Geschöpfe Gottes, von seiner Schöpferkraft hervorgegangen, von ihm im Dasein

Das Glück der Dankbarkeit

gehalten und von seiner Liebe getragen. Dankbarkeit entspricht unserem Wesen als Geschöpf. Der Undankbare meint letztlich, er habe ein Anrecht auf sein Sein. Er hat vergessen, wer Gott ist und wer der Mensch ist. Der Dankbare denkt daran, dass Gott ihn aus Staub geformt und ihn wunderbar gebildet hat.

Dichter und Denker haben die Dankbarkeit immer wieder als Schlüssel zum glücklichen Leben gepriesen. So sagt der englische Schriftsteller Gilbert Keith Chesterton: „Der Prüfstein allen Glückes ist Dankbarkeit." Ida Friederike Görres stellt die Frage: „Wer nicht dankt, wie kann der glücklich sein?" Für sie ist die Dankbarkeit die Voraussetzung wirklichen Glücks. Wer nicht dankbar ist für das, was er empfängt, wird nie glücklich sein. Für Jeremias Gotthelf ist die Dankbarkeit auch die Voraussetzung, lieben zu können: „Wer nicht danken kann, kann auch nicht lieben." Dankbarkeit gibt der Liebe ihre Dauer. Liebende wollen einander beschenken. Das größte Geschenk, das sie sich geben können, ist ihre gegenseitige Liebe. Doch die kann man nur genießen, wenn man sie dankbar empfängt.

Dietrich Bonhoeffer, der evangelische Theologe und Widerstandskämpfer, der 1945 von den Nazis hingerichtet wurde, sieht in der Dankbarkeit die Kunst, die eigene Vergangenheit für die Gegenwart fruchtbar zu machen: „Ohne die Dankbarkeit versinkt meine Vergangenheit ins Dunkle, Rätselhafte, ins Nichts." In seiner Gefängniszelle hat er oft dankbar all dessen gedacht, was er in seinem Leben erfahren hat. Das hat seiner Gegenwart einen anderen Geschmack gegeben, nicht den bittern Geschmack des Gefängnisses, sondern den Geschmack der Freiheit und Liebe, des inneren Friedens und des Glücks. Es ist eine Kunst, die uns immer zur Verfügung steht: dankbar an das zu denken, was wir erlebt haben.

Dankbarkeit hält die Vergangenheit nicht fest. Sie flieht auch nicht vor der Gegenwart. Vielmehr holt sie die Vergangenheit in das Jetzt hinein, damit ich das Jetzt entgegennehme und lebe.

Der Architekt Alexander von Branca versteht seine Architektur als Danksagung. Er baut nicht schöne Häuser, damit die Menschen ihm dankbar sind. Vielmehr versteht er seine Bauten als Ausdruck der Dankbarkeit für das Licht, das uns umfängt und auf das er mit seiner Architektur verweisen möchte. Jede Kunst, so meint er, braucht zunächst die Erkenntnis, dass die Schöpfung selbst ein Kunstwerk ist. Die Kunst will der Schöpfung dienen. Das ist ihr Dank an den Schöpfer. – Christa Meves sieht Kultur als Ausdruck der Dankbarkeit: „Alle Kultur beginnt mit der Dankbarkeit ... Nur der Dankbare kennt die Verpflichtung weiterzugeben, was er empfing." So ist die Dankbarkeit ein Grundpfeiler der Humanität und unserer Kultur. Letztlich aber geht die Dankbarkeit immer auf Gott, von dem ich alles empfangen habe.

Chesterton meint daher, der schlimmste Augenblick für einen Atheisten sei es, „wenn er wirklich dankbar ist und niemanden hat, dem er danken könnte".

Viele Menschen fühlen sich heute innerlich zerrissen, erleben sich hin- und hergerissen zwischen Angst und Vertrauen, zwischen Kraft und Schwäche, zwischen Geist und Trieb, zwischen ihrer spirituellen Sehnsucht und den Anforderungen des Alltags. Da sehnen sie sich nach Einklang. Sie möchten in sich selbst eins sein. Sie möchten bei den vielen Konflikten in der Gesellschaft die Einheit in der Familie erfahren und leiden darunter, dass auch hier oft Streit und Spaltung herrschen. Die Sehnsucht nach Harmonie, nach Einssein ist uralt. Sie hat schon die griechischen Philosophen bewegt. Sie war letztlich die Triebkraft für das Denken der größten griechischen Denker wie Heraklit, Platon, Parmenides und Plotin. Die Sehnsucht nach Einssein bewegt uns heute genauso wie damals.

Die Frage ist, wie wir einen Weg finden, mit uns in Einklang zu kommen und das Einssein mit uns selbst und mit anderen Menschen zu erleben.

Das Glück des Einklangs

Jeder hat wohl schon die Erfahrung gemacht, dass er sich ganz eins mit sich selbst gefühlt hat. Der eine hat nach langer Wanderung den Gipfel erklommen und schaut die Schönheit der Bergwelt um sich herum. Er hat den Eindruck, die Anstrengung und der Schweiß hätten sich gelohnt. Jetzt fühlt er sich so richtig eins und zufrieden mit sich selbst. Er ist einfach da. Er spürt seinen Leib. Alles ist gut, so wie es ist. Eine Frau fühlt sich eins mit sich und der Welt im Tanzen. Da genießt sie jeden Schritt. Da kann sie sich selbst vergessen. Ein Musiker spürt den Einklang, wenn er mit den Tönen seiner Geige eins wird. Da denkt er nicht über etwas nach. Da ist er nur noch im Spielen.

Solche Erfahrungen möchten wir am liebsten festhalten. Doch schon im nächsten Augenblick fühlen wir uns innerlich zerrissen. Das Einssein dauert immer nur kurze Augenblicke.

Schon Kinder haben die Fähigkeit, mit sich und der Welt eins zu sein. Wenn wir Kinder beim Spielen beobachten, spüren wir, dass sie ganz im Spielen sind. Sie geben sich dem Spielen hin, alles andere ist unwichtig. Indem sie sich vergessen, sind sie ganz gegenwärtig, ganz im Einklang mit sich und dem Augenblick. Jeder kennt wohl solche Erfahrungen aus der Kindheit, in denen er sich eins gefühlt hat. Ein Mädchen fühlt sich eins, wenn es mit ihren Puppen spielt und dabei letztlich seine eigene Seele darstellt. Ein Junge kann alles vergessen, wenn er auf dem Dachboden seine eigene Welt mit den dort vorhandenen Utensilien aufbaut. Er geht auf in seiner Welt. Da ist alles in Ordnung. Er ist seine Welt und geht einfach nur seinen Träumen nach. Stundenlang ist er ganz bei sich und seinen Träumen. In solchen Augenblicken sind Kinder glücklich, eins mit sich und der Welt.

Im Gespräch kommt manchmal das Gefühl von Einssein auf. Neulich war eine Journalistin da, um mich zu interviewen. Aber es ging nicht nur um Fakten und um ihre Fragen, die

DAS GLÜCK DES EINKLANGS

sie vorbereitet hatte. Auf einmal war da ein Einklang spürbar. Sie konnte über sich sprechen. Sie fühlte sich verstanden. Ich spürte eine gleiche Wellenlänge. Das Gespräch war einfach da. – Als ich dann innehielt, war ich dankbar für dieses Gefühl von Harmonie. Ich kannte diese junge Frau gar nicht. Wir begegneten uns zum ersten Mal. Aber es stimmte einfach. In so einer Atmosphäre von Einssein gelingt das Gespräch. Da bekommt es eine Tiefe, die man nicht machen kann. Da braucht keiner sich darzustellen. Da strömt es einfach. Da ist Einheit da. Umso schmerzlicher erlebe ich wieder die Distanz in Gesprächen, die nur gemacht sind.

Freunde sind glücklich, wenn sie sich eins fühlen. Sie verstehen sich, ohne dass sie sich verständigen müssten. Sie wissen um den andern. Sie achten den andern so, wie er ist. Sie sind frei von dem Drang, den andern verändern oder kritisieren zu müssen. Jeder darf sein, wie und wer er ist. Die Einheit spüren sie im Gespräch, aber oft genug auch im Schweigen. Sie gehen schweigend nebeneinander und erleben sich doch eins miteinander. Am tiefsten erleben sie diese Einheit in der Umarmung oder im Kuss. Da sind sie eins miteinander. Aber auch diese Einheit können sie nicht festhalten. Es gibt wieder Phasen, da fühlen sie sich fremd. Da nehmen sie ihre Einsamkeit wahr. Es gibt Bereiche, in die der andere nicht vordringt, in denen ich mich unverstanden und allein fühle.

Viele klagen heute über ihre Einsamkeit, ihr Alleinsein. Peter Schellenbaum setzt gegen diese Klage das Staunen darüber, wie wunderbar es ist: allein, alleins, mit allem eins, im Einklang zu sein. Ich kann das Alleinsein als Qual erleben. Aber ich kann es auch bewusst wahrnehmen. Wenn ich mich allein fühle, gehe ich diesem Alleinsein auf den Grund. Und im Grunde fühle ich mich dann mit allem eins. Das war das Geheimnis der Mönche. Sie haben sich zurückgezogen. Sie haben sich getrennt von allen Menschen. Aber in dieser Einsamkeit erfuhren sie eine tiefe Harmonie mit allen Menschen, ja mit der ganzen Schöpfung.

So definiert Evagrius Ponticus den Mönch: „Ein Mönch ist ein Mensch, der sich von allem getrennt hat und sich doch mit allem verbunden fühlt."

Wer sich eins fühlt mit sich selbst, der ist auch einverstanden mit sich und seinem Leben. Er hört auf, gegen seine Vergangenheit zu rebellieren oder sich gegen seinen Charakter aufzulehnen. Er hat das Gefühl: Es darf alles so sein, wie es ist. Ich bin nicht vollkommen. Aber ich muss es auch gar nicht sein. Ich habe Schattenseiten. Aber die dürfen sein. Sie haben ein Recht auf Leben. Wenn ich sie annehme, dann erweitern sie meinen Horizont. Einklang, Einssein, ist kein Einheitsbrei. Vielmehr besteht Einklang darin, dass ich die Gegensätze in mir annehme. Das braucht Mut. Denn wir möchten viel lieber eindeutig sein, als uns mit den eigenen Schattenseiten auszusöhnen, mit der verdrängten Aggression und Wut, mit den unbewussten Bedürfnissen. Einklang entsteht jedoch nur, wenn wir es fertig bringen, alles Gegensätzliche in uns anzunehmen und als zu unserem Leben gehörend zu begrüßen.

Für C. G. Jung ist das Kreuz das tiefste Symbol für menschliches Einswerden. Kreuz ist ein Ursymbol, das schon lange vor Christus in allen Religionen die Einheit aller Gegensätze darstellte. Wenn ich in der Kreuzgebärde meine Arme weit ausspanne, dann erlebe ich, wie mich die Gegensätze zerreißen können. Doch wenn ich diese Haltung aushalte, spüre ich auf einmal Weite und Freiheit. Ich fühle mich eins mit dem ganzen Kosmos. Nichts Menschliches, nichts Irdisches, nichts Kosmisches ist mir fremd. Alles hat Platz in mir. Alles darf sein.

In diesem Einssein mit den Gegensätzen in mir fühle ich mich einverstanden mit mir. Das weitet mein Herz. Ich könnte die ganze Welt umarmen. Ich fühle mich eins mit allem, was ist.

In der Ehe kann die tiefste Harmonieerfahrung das Einswerden in der sich auch sexuell verströmenden Liebe sein. Da scheinen die Ehepartner miteinander zu verschmelzen. Doch es ist kein wirkliches Verschmelzen. Es ist ein Einswerden mit dem anderen, der er selbst bleibt. In diesem Einswerden klingt eine Ahnung von absolutem Einssein an. Der jüdische Philosoph Walter Schubart meint: „Wenn sich zwei Liebende finden, so schließt sich an einer Stelle des Kosmos die Wunde der Vereinzelung." Da entsteht Einklang. Für Schubart ist das Einswerden der Ehepartner im sexuellen Akt „ein Vorspiel der Wiederverschmelzung von Gott und Welt".

Da blitzt die Ahnung auf, dass es absolutes Einssein gibt. Aber zugleich spüren die Ehepartner, dass sie doch zwei bleiben. Einer wird mit dem andern eins, ohne selbst aufgelöst zu werden.

Wenn ich im Sommer morgens schon vor sechs Uhr durch unsere Bachallee spazieren gehe und die frische Luft um mich herum spüre, die Vögel singen höre und die Sonne langsam steigen sehe, dann fühle ich mich in Harmonie mit der Schöpfung. Dann erlebe ich mit zugehörig zur Natur. Die Natur bewertet mich nicht. Sie lässt mich einfach sein. Ich bin ein Teil von ihr. Im Urlaub ist es für mich eine schöne Erfahrung, mich in eine Sommerwiese zu legen und mich einfach von der Sonne bescheinen zu lassen. Ich fühle mich dann getragen von der Mutter Erde. Ich bin eins mit ihr. Das Leben, das um mich herum aufblüht, ist auch in mir und durchdringt mich. Die Zärtlichkeit, mit der mich der Wind umweht, erfüllt mich. Ich bin wie die Schöpfung um mich herum von Gott geschaffen, getragen und von seinem Geist durchdrungen.

Jesus betet beim letzten Abendmahl für seine Jünger: „Alle sollen eins sein: Wie du, Vater, in mir bist und ich in dir bin, sollen auch sie in uns sein" (Johannes 17,21). Viele deuten diese Worte auf die Gemeinschaft der Christen. Das ist eine mögliche Deutung. Aber zugrunde liegt ja die griechische Philosophie des Einsseins. Jesus bittet darum, dass die urmenschliche Sehnsucht nach Einssein sich erfüllt. Und er zeigt zugleich einen Weg, wie wir mit uns eins werden können. Wir müssten wie er herabsteigen vom Himmel und alles Irdische hineinholen in den Einklang mit Gott. Wir brauchen die Demut, den Mut, hinabzusteigen in unsere eigene Menschlichkeit, in die Erdhaftigkeit, in die Schattenbereiche unserer Seele, um alles in die Einheit mit Gott hineinzuheben. Wenn das Dunkle in Gott ist, dann vermögen wir es auch selbst anzunehmen und uns damit auszusöhnen.

Die faszinierende Erfahrung der ersten Christen war, dass auf einmal Juden und Griechen, Herren und Sklaven, Männer und Frauen, Arme und Reiche miteinander eine Gemeinschaft bildeten und miteinander Einssein erfuhren: „Die Gemeinde der Gläubigen war ein Herz und eine Seele." So charakterisiert Lukas die Urgemeinde in Jerusalem. Nach solchem Einklang sehnen sich heute die christlichen Kirchen. Sie sehnen sich, die Spaltung, die ihr Zeugnis nach außen hin trübt, aufzuheben und gemeinsam zum Sauerteig des Friedens für diese Welt zu werden. Doch es geht nicht nur um die Einheit zwischen den Kirchen. Jede Kirche macht die Erfahrung, dass auch in ihr Spaltungen entstehen, weil jeder sich auf seine Auslegung der Botschaft versteift.

Je tiefer die Erfahrung des Glaubens ist, desto weniger streiten sich die Menschen. Daher ist der Weg der spirituellen Erfahrung ein Weg zu immer größerer Einheit und Harmonie.

Jede Gemeinschaft macht heute die Erfahrung, wie schwer es ist, Einssein zu leben. Das beginnt schon in der Familie. Konflikte und Missverständnisse bedrohen ihr Einssein. Die

Kinder streben immer mehr nach außen. Manchmal entfremden sie sich so sehr, dass sie nicht mehr miteinander sprechen können, sondern sich sogar anfeinden. Vereine und Firmen haben Probleme, ihre Mitglieder zu einer gemeinsamen Aufgabe zusammenzuführen. Es geht nicht darum, alle in eine vorgegebene Einheitsideologie hineinzupressen. Einheit entsteht nicht dadurch, dass alle die gleiche Meinung vertreten. Das wäre eine Einheitsideologie, die der Würde des Menschen widerspricht.

Einheit ist immer Einheit in der Vielfalt. Nur wenn jeder ganz er selbst sein darf, wird er fähig, im Miteinander immer wieder ein Einssein zu erfahren.

Das letzte Ziel des Menschen ist es, mit Gott eins zu werden. Heute sprechen viele geistliche Autoren von dieser Sehnsucht nach Einswerden mit Gott. Doch zugleich gibt es auch hier die Gefahr, dass manche vor lauter Einheitsmystik gar nicht merken, wie sie die

Menschen um sich herum spalten. Sie versuchen, die spaltenden Tendenzen der eigenen Seele zu überspringen, indem sie sich in die Einheit mit Gott flüchten. Und sie verstehen die Einheit so, als ob sich das eigene Ich in Gott hinein auflöse, so wie die Welle im Meer. Doch solche Verschmelzungsmystik ist eine ungesunde Regression, die zur Auflösung der Person und oft genug in die Krankheit führt.

Auch im Einklang mit Gott erlebe ich immer nur ein Gegenüber, ein Einswerden mit einem andern, den ich nicht vereinnahmen kann, Einswerden mit dem ganz anderen, mit dem unverfügbaren Du Gottes.

Schon in der frühen Kirche gab es große Diskussionen, wie wir wohl das Einswerden mit Gott verstehen können. Als Modellfall galt das Einswerden Gottes mit dem Menschen in Jesus Christus. Das Konzil von Chalcedon hat in die hitzigen Auseinandersetzungen eine nüchterne und doch zugleich geniale Formel eingebracht: Jesus war wahrer Gott und wahrer Mensch, aber unvermischt und zugleich ungetrennt. Das gilt auch für uns, die wir vergöttlicht werden. Gott ist in uns. Er lässt sich nicht mehr von uns trennen. Er hat sich an uns gebunden. Und doch ist er unvermischt in uns. Er löst sich nicht in uns auf und wir nicht in ihn. Was das Konzil da für die Natur Jesu definiert hat, gilt für jede tiefe spirituelle Erfahrung:

Wir werden in der mystischen Erfahrung eins mit Gott. Aber wir bleiben ganz und gar Mensch, der eigenen Schwäche und Begrenztheit unterworfen. Und doch ist Gott in uns und mit uns eins. Und in der Einheit mit Gott werden wir auch eins mit uns selbst, mit unserem Wesenskern.

Das Ziel der Mystik ist das Einswerden mit Gott. Die Mystik stellt aber vor den Weg der Einigung zuerst den Weg der Reinigung und den der Erleuchtung. Zuerst muss all das Trübe und Unklare in uns gereinigt und das Dunkle in uns erleuchtet werden, damit sich der Raum öffne, mit Gott eins zu werden. Manche schwärmen heute so vom Einswerden mit Gott, dass sie glauben, sie könnten die ersten beiden Schritte der Reinigung und Erleuchtung überspringen. Doch dann wird es nur eine Pseudomystik. Sie stellen sich mit ihrer Mystik nicht selten über andere und schaffen so gerade keine Harmonie, sondern Spaltung. Sie überspringen ihre eigene Zerrissenheit und meinen, sie seien schon eins mit Gott.

In Wirklichkeit landen sie bei ihrer eigenen Verschmelzungssehnsucht. Sie bleiben in sich gefangen und erleben nicht wirkliches Einswerden mit Gott und mit sich selbst.

Vom Mönchsvater Benedikt wird erzählt, dass er in einem einzigen Strahl der Sonne die ganze Welt erblickt hat. Das ist eine Einheitserfahrung, wie sie heute viele ähnlich erleben. Es ist die Erfahrung, dass uns auf einmal alles klar ist. Es gibt Augenblicke, da blicken wir durch. Da schauen wir auf den Grund. Wir sehen nichts Bestimmtes. Wir können nicht sagen, was wir gesehen haben. Aber auf einmal ist alles klar. Selbst wenn in unserem Kopf noch vieles durcheinander ist, ist in der Tiefe unseres Geistes alles klar. In diesem Augenblick sind wir eins mit allem, was ist. Und wir sind auch einverstanden mit allem, was ist. Auch wenn unser Herz noch gegen vieles rebelliert, in der Tiefe unserer Seele sind wir einverstanden mit dem Leben, stimmen wir dem zu, was ist.

Das sind Erfahrungen von Harmonie, die heute nicht nur fromme Menschen machen, die vielmehr als göttliche Überraschung auch solchen geschenkt werden, die meinen, sie seien gar nicht religiös.

Es gibt Übungswege, wie wir Einklang und Einssein erfahren können. Wenn ich mich ganz auf den Atem einlasse, ohne ihn zu kontrollieren, wenn ich einfach mein Atem bin, kann das zu einer Erfahrung des Einsseins führen. Oder ich versuche, ganz langsam zu gehen und nur in jedem meiner Schritte zu sein. Dann steigt auch eine Ahnung von Harmonie auf. – Viele kennen solche Erfahrungen aber gerade dort, wo sie nicht bewusst geübt haben. Eine Frau, die jahrelang Therapie gemacht hatte, um sich selbst mit ihren Verletzungen annehmen zu können, erzählte mir, wie sie im Urlaub auf einer Bank saß. Auf einmal fühlte sie sich ganz eins. Sie wusste nicht, woher diese Erfahrung kam. Sie war auf einmal einverstanden mit sich und ihrer Lebensgeschichte.

Alles war gut. Alles durfte sein. Sie war einfach nur da und war glücklich dabei.

Hermann Hesse erzählt von Siddharta, dass er zuerst in strenger Askese das Einssein mit Gott gesucht hat. Doch er landete in der Verzweiflung, in der Zerrissenheit. Da warf er sich auf das Gegenteil. Er lebte alle seine Wünsche und Triebe bis zum Exzess aus. Doch auch das führte ihn nicht wirklich zum Sich-Vergessen und zum Einklang mit sich selbst. Als er enttäuscht über sich alles Streben nach Einswerden aufgegeben hatte, saß er am Fluss und beobachtete nur das Strömen des Wassers. Auf einmal spürte er eine tiefe Einheit allen Seins. Alles war auf einmal Strömen. Er fühlte sich eins mit sich und seiner Zerrissenheit. Und er fühlte sich eins mit den „Kindermenschen", die er früher verachtet hatte, weil sie so oberflächlich und naiv waren. Jetzt überkam ihn auch ein Einssein mit Gott.

Als er das verkrampfte Streben nach Einheit aufgegeben hatte, als er sich selbst losgelassen hatte, war er frei dafür, mit allem und letztlich mit Gott eins zu werden.

Einer der wichtigsten Vertreter der Einheitsmystik ist Meister Eckhart. Er spricht immer wieder von der Einheit zwischen Gott und Mensch und von der Einheit aller Dinge in Gott. Die Voraussetzung, dass der Mensch mit Gott eins werden kann, ist, dass er sich aller Bilder von ... und Gedanken über ... entledige. Solange noch ein Bild in uns ist, steht das Bild zwischen uns und Gott.

Für Eckhart ist das reine Schweigen der Weg, eins zu werden mit Gott und mit allem, was ist. Solange wir über Gott nachdenken oder bei den Bildern von Gott stehen bleiben, sind wir von Gott getrennt. Das Bild des Einswerdens ist für Meister Eckhart die Gottesgeburt. Und Gott wird im tiefsten Schweigen geboren, dort, wo kein Gedanke, keine Sorge, kein Zweifel und keine Erwartung von Menschen hindringen.

Auf dem Grund der Seele, in dem alles schweigt, da wird Gott in uns geboren. Da werden wir eins mit ihm und mit allem Sein. An solchem Einklang – so meint Eckhart – ist unsere ganze Seligkeit gelegen.

Wer möchte nicht die Erfahrung von Einssein und Einklang festhalten? Doch das gelingt nicht. Nach der schönsten Harmonieerfahrung kritisiert uns der Nachbar. Und schon fühlen wir uns zerrissen. Oder uns ärgert eine Schnake, die uns sticht. Und schon fallen wir aus unserer Einheit heraus. Wer immer die Einheit erfahren möchte, muss lernen, die Spannungen seines Lebens auszuhalten. Zum Leben gehört das ständige Schwanken zwischen Einssein und Zerrissenheit, zwischen Einheit und Spaltung, zwischen Spannung und Zusammenfallen aller Gegensätze. Das ist unser Geschick.

Wer diesem Schicksal entrinnen will, erhebt sich über sein Menschsein. Er macht aus dem Einssein eine Ideologie. Er glaubt, eins zu sein. In Wirklichkeit hat er sich selbst noch nie ganz, eins erlebt. Er flieht lieber in ein kosmisches Bewusstsein, in eine regressive Verschmelzung.

Liebe Leserin, lieber Leser, ich bin mir sicher, dass Sie schon öfter die Erfahrung des Einklangs, der Harmonie gemacht haben. Mit meiner Beschreibung des Einsseins kann ich Ihnen nichts Neues sagen, ich möchte Sie viemehr dazu einladen, Ihre Erfahrungen bewusster wahrzunehmen. Halten Sie öfter einmal inne und spüren Sie sich einfach in sich hinein. Spüren Sie Ihren Leib und seien Sie dankbar dafür. Folgen Sie Ihrem Atem und versuchen Sie, nur Atem zu sein. Oder seien Sie ganz im Schauen oder im Hören oder im Schmecken oder Riechen.

Dann werden Sie ahnen, was es heißt: sich zu vergessen und ganz eins zu sein, im Einklang mit dem Augenblick, in Harmonie mit sich selbst, mit der ganzen Schöpfung, mit allen Menschen und letztlich eins zu sein mit Gott.

Das Glück
der Gelassenheit

Das Glück der Gelassenheit

Gelassen sein, das möchte jeder Mensch. Mit Gelassenheit verbinden wir eine Haltung, in der uns nichts so leicht aufzuregen vermag. Ich gehe gelassen in eine Sitzung, ohne Angst, was da kommen mag. Ich habe meine Angst losgelassen. Ich bin frei von dem Druck, alles perfekt machen zu müssen. Gelassenheit ist innere Freiheit. Ich habe mich befreit von dem Grübeln, wie die Sitzung oder die Begegnung oder die Prüfung ablaufen könnte. Ich habe die Überlegungen, wie ich auf andere wirke, wie ich alles richtig machen könnte, losgelassen, um mich einzulassen auf das, was kommt. Ich bin frei für den Augenblick, frei für das, was gerade auf mich zukommt.

Gelassenheit setzt Loslassen voraus. Die Weisen aller Zeiten raten uns, unsere Anhänglichkeit an die Dinge loszulassen. Ich soll es aufgeben, am Besitz zu hängen, um meine Sorgen für die Zukunft zu kreisen. Es gilt auch, die Sorge um meine Gesundheit loszulassen. Ich soll meinen Erfolg loslassen, meine

Fixierung auf meine Karriere und meine Geltung bei anderen Menschen. Gelassenheit ist eine innere Aufgabe. Und diese Aufgabe ist nicht so einfach. Denn indem wir versuchen, unsere Anhänglichkeit an die Dinge dieser Welt loszulassen, merken wir, wie sehr wir daran hängen, ... wie sehr wir unsere Existenz auf Dinge aufgebaut haben, die letztlich doch nicht tragen.

Die Griechen der Antike haben unseren Begriff von Gelassenheit mit dem Wort „apatheia" beschrieben. Es ist die Freiheit vom fixierten Verhaftetsein an Leidenschaften. Dabei war ihnen und auch den frühen Mönchsvätern klar, dass wir die Leidenschaften weder vernichten, noch unterdrücken können. Es geht vielmehr darum, mit ihnen so umzugehen, dass sie uns nicht beherrschen. Es gilt, uns die Kraft, die in ihnen steckt, zunutze zu machen. Gelassen ist der Mensch, der innerlich frei geworden ist von der Vorherrschaft der Bedürfnisse, der Emotionen, der Leidenschaften. Er schaut seine Bedürfnisse an und ist frei zu entscheiden, welches er erfüllen will und wo er nein sagen möchte. Emotionen bringen den Gelassenen in Bewegung. Aber sie bestimmen ihn nicht. Er hat die Regie über die Leidenschaften, dass sie ihm dienen, anstatt von ihnen beherrscht zu werden.

Wer ständig gegen seine Leidenschaften wütet, fixiert sich darauf und kommt nie von ihnen los. Wer seine Bedürfnisse unterdrückt, ist ständig mit ihnen beschäftigt. Die Lebenskunst besteht darin, die Leidenschaften, Bedürfnisse und Emotionen wahrzunehmen, sie sein zu lassen, wie sie sind, ohne sich mit ihnen zu identifizieren: Ich nehme wahr, dass in mir Ärger hochsteigt, aber ich folge dem Ärger nicht. Roberto Assagioli, ein italienischer Psychiater, nennt diese Methode Dis-Identifikation. Und er hat daraus eine eigene Übung gemacht: Ich nehme wahr, wie Angst in mir hochsteigt. Aber der Punkt in mir, der die Angst beobachten kann, ist von der Angst nicht infiziert.

Ich sage mir: „Ich habe Angst. Aber ich bin nicht meine Angst. Ich habe Probleme. Aber ich bin nicht mein Problem. Ich habe Ärger. Aber ich bin nicht mein Ärger."

Die Römer der Antike benennen die Haltung der Gelassenheit mit dem stoischen Begriff „aequo animo". Der Mensch soll alles, was er tut, mit Gleichmut tun, mit einer Seele, die im Gleichgewicht ist, die sich nicht so leicht hin- und herzerren, die sich nicht aus der Balance bringen lässt. Benedikt von Nursia verlangt vom Cellerar, dem wirtschaftlichen Leiter eines Mönchsklosters, dass er „aequo animo" seine Aufgabe verrichte: Er soll sich nicht aus der Ruhe bringen lassen. Das ist leichter gesagt, als getan. Es verlangt die Haltung, mein Haften an den Dingen, meinen Ehrgeiz, meine Geltungssucht, meine Empfindlichkeit loszulassen. Dann werde ich mich von den Turbulenzen um mich herum nicht aus der eigenen Mitte reißen lassen. Ich bin gelassen, anstatt mich von außen bestimmen zu lassen.

Nur der findet wirklich zur Gelassenheit, der sich selbst loszulassen vermag. Unser Ego mischt sich in alles ein, was wir tun. Das Ego kommt nie zur Ruhe. Es will immer glänzen, immer bestimmen, immer alles haben. Daher ist es harte Arbeit, das Ego immer wieder loszulassen. Dabei geht es nicht darum, das Ego zu zerbrechen. Denn ohne Ich können wir nicht leben. Aber das Ego drückt sich aus in vielen Illusionen, die wir uns vom Leben gemacht haben. Wir nähren in uns die Illusion, dass wir alles im Griff haben, dass wir die Besten sind, dass wir erreichen werden, was wir wollen.

Nur wer sein Ego mit seinen vielen Illusionen loslässt, wird wirklich gelassen. Er ist innerlich frei geworden.

Die Freiheit von der Zwangsjacke des Ego hat Jesus im Blick, wenn er zu seinen Jüngern spricht: „Wer mein Jünger sein will, der verleugne sich selbst, nehme sein Kreuz auf sich und folge mir nach" (Markus 8,34). Viele haben dieses Wort missverstanden, als ob wir uns selbst zerbrechen oder verbiegen oder entwerten sollten. Doch das griechische Wort für „verleugnen" „aparneisthai" heißt: Widerstand leisten, nein sagen, sich lösen. Es geht darum, nein zu sagen zu der Tendenz des Ego, alles für sich zu vereinnahmen. Es geht darum, das Ego loszulassen, damit sich unser wahres Wesen entfalten kann, damit wir innerlich frei werden für das einmalige und einzigartige Bild Gottes in uns.

Wir brauchen inneren Abstand zum Ego, damit wir zu unserem wahren Selbst finden, damit wir innerlich stimmig werden, in Einklang kommen mit uns selbst.

Jesus beschreibt die Gelassenheit noch mit einem anderen Wort: „Wer sein Leben retten will, wird es verlieren; wer aber sein Leben um meinetwillen und um des Evangeliums willen verliert, wird es retten" (Markus 8,35). Wer am Leben hängt, wird unfähig, es wirklich zu genießen. Er muss krampfhaft seine Gesundheit, seinen Besitz, seinen Erfolg festhalten. Er verwechselt Leben mit dem, was er hat. Doch Leben will strömen. Und das gelingt nur, wenn wir es loslassen, wenn wir uns dem Fluss des Lebens überlassen. Der Mann aus Nazaret sagt von dem, der sein Leben um des Evangeliums willen loslässt, dass er sein Leben rettet. Mein Leben wird heil und ganz. Es gelingt. Die Voraussetzung ist, dass ich meine Vorstellungen vom Leben um der frohen Botschaft vom wahren Leben willen loslasse.

Es gibt die Redewendung: „Ich verlasse mich auf Gott." Damit drücken wir aus, dass wir uns selbst verlassen, dass wir weggehen von uns, von unserem Ego, um uns auf Gott zu verlassen, um auf Gott zu vertrauen, der uns wirklichen Halt gibt und wahres Leben schenkt. Ich kann mich nur auf Gott verlassen, wenn ich mein Ego und das Festklammern an den Dingen meines Lebens loslasse. Ich kann mich nur selbst verlassen, weil ich von Gott nie verlassen werde, weil ich von Gott getragen und gehalten bin. Vertrauen und Sich-Verlassen meint im Deutschen das Gleiche. Offensichtlich können wir uns auf einen anderen Menschen nur verlassen, wenn wir unsere Zweifel und unser Misstrauen loslassen.

Und auf Gott ist nur Verlass, wenn wir unsere festen Vorstellungen von unserem Leben losgelassen haben. Dann verlassen wir uns auf Gott und erfahren gerade darin wahre Gelassenheit.

Wenn sich ein Kind von den Eltern verlassen fühlt, spürt es in sich eine tiefe Verletzung. Es hat Angst vor jedem Abschied. Die alte Wunde der Verlassenheit bricht in ihm wieder auf. Wie soll ein verlassener Mensch gelassen werden? Wenn ein Mensch uns verlässt, tut es weh. Wenn wir unser Ego verlassen, werden wir frei. Die Kunst des Lebens bestünde darin, sogar seine Verletzungen zu verlas-sen, von ihnen wegzugehen. Doch das gelingt wohl nur, wenn ich tief in meinem Herzen weiß, dass Gott mich nie verlässt, dass ich mich auf ihn immer verlassen kann. Und es bedarf des Vertrauens, dass ich zwar mein Ego mit all seinen Meinungen und Urteilen, aber nie mein wahres Selbst verlasse.

Ich lasse mich selbst nicht im Stich. Ich halte mich selbst aus. Ich kann mich auf diesen innersten heilen und gesunden, den unverletzten und unverfälschten Kern in mir verlassen.

Von einem Menschen, der stirbt, sagen wir: Er hat uns für immer verlassen. Loslassen ist immer eine Art Sterben. Ich sterbe in meiner alten Identität, in der ich mich von der Welt her definiere, von meiner Leistung, von meinem Erfolg, von meiner Gesundheit her. Die Welt mit ihren Maßstäben stirbt für mich. Doch Sterben zielt immer auf Auferstehung. Sterben dient einem intensiveren Leben. Im

Sterben zerbricht der Panzer, den ich um mich herum aufgebaut habe, und das unverfälschte, unverstellte, ursprüngliche Bild Gottes in mir kommt zum Vorschein. Ich sterbe, um wahrhaft zu leben. Ich verlasse mich, um mein wahres Selbst zu finden.

Meister Eckhart, der große Mystiker, spricht sogar davon, dass wir auch Gott lassen sollen. Wir sollen unsere Bilder von Gott loslassen. Wie wir uns Illusionen von uns selbst gemacht haben, so auch von Gott. Wir haben uns Bilder von Gott zurechtgelegt, die uns dienen. Wir benutzen Gott, damit es uns gut geht, damit wir uns über andere stellen oder damit wir uns sicher fühlen. Gelassenheit meint für Meister Eckhart, dass wir all unsere Bilder von Gott loslassen, damit Gott als Gott erscheinen kann. Es ist der unverfügbare Gott, der sich unserem Zugriff entzieht und unser Begreifen übersteigt.

Nur wer seine Bilder von Gott losgelassen hat, vermag dem unbegreiflichen und ganz anderen Gott zu begegnen, dem Gott, der seine Sehnsucht wirklich zu erfüllen vermag.

Gelassenheit braucht Zeit. Sie verträgt keine Hektik. Ich muss mir Zeit lassen, um gelassen bei den Dingen zu sein. Ich brauche Zeit, um mich auf ein Gespräch oder auf eine Begegnung einzulassen. Sich Zeit lassen ist das Gegenteil davon, Zeit auszunutzen, sich vom Termindruck bestimmen zu lassen. Indem ich mir Zeit lasse, breche ich aus der Herrschaft der Zeit aus. Ich nehme die Zeit wahr. Ich genieße sie. Die Zeit ist mir geschenkt. Ich lasse den Druck los, was ich alles in der kurzen Zeit noch erledigen müsste.

Ich lasse die Zeit fließen und nehme sie wahr. Zeit ist immer geschenkte Zeit – Zeit, die Gott und mir selbst gehört, in der ich mir und meinem wahren Selbst gehöre.

Gelassen ist, wer in seiner Mitte ruht. Oft aber lassen wir uns aus unserer Mitte herausreißen. Wir regen uns über Kleinigkeiten auf.

DAS GLÜCK DER GELASSENHEIT

Wir sind immer in Gedanken bei den anderen und lassen uns von ihnen bestimmen. Wer gelassen in seiner Mitte ist, kann auch gelassen auf die Andersartigkeit der Menschen schauen. Er nimmt sie wahr, ohne sie zu beurteilen. Er lässt sie sein, wie sie sind, und freut sich sogar an ihrem Anderssein. Wer keine Mitte hat, lässt sich von jedem Menschen in eine andere Richtung drängen. Bald fühlt er sich zerrissen, hin und her gezerrt von Meinungen, Erwartungen und Urteilen anderer.

Gelassenheit braucht es, immer wieder mich zu spüren, in meine Mitte zu kommen und die anderen dort zu lassen, wo sie sind, und sie so zu lassen, wie sie sind.

Gelassenheit bedeutet, sich zu befreien von den Erwartungen und Ansprüchen, die wir an uns selber stellen. Viele Menschen stehen immer unter Druck. Bei allem, was sie tun, setzen sie sich unter Leistungsdruck. Oder aber sie vergleichen sich mit anderen.

Das Glück der Gelassenheit

Oder sie können sich nicht auf den Augenblick einlassen, weil sie immer denken, was die anderen jetzt über sie denken könnten. Sie sind unfähig, sich auf das einzulassen, was sie gerade tun. Sie haben bei ihrer Arbeit immer Nebenabsichten. Sie arbeiten nicht nur, sondern wollen sich in ihrer Arbeit beweisen, sie wollen andere damit übertreffen. Diese störenden Nebengedanken hindern sie daran, gelassen das zu tun, was sie gerade in die Hand nehmen.

Gelassen ist, wer bei sich ist, frei von den Gedanken, mit denen er ständig sich selbst und sein Tun beurteilt.

Gelassen ist ein Mensch, der Dauerhaftigkeit und Festigkeit ausstrahlt. Man merkt diesem Menschen an, dass er nicht so leicht aus der Ruhe zu bringen ist. Er lässt sich nicht durch jede Meinung von seinem klaren Standpunkt vertreiben. Doch sein Standpunkt ist nicht starr und unbeweglich. Er steht nicht wie ein Betonpfeiler, sondern wie ein Baum, der zwar vom Wind hin und her bewegt wird, aber fest verwurzelt in der Erde ruht. Gelassen vermag zu sein, wer gesunde Wurzeln hat. Er ruht in sich. Der Baum überdauert Stürme, Sonnenschein und Regen. Er sieht gute und böse Tage. Er wächst weiter, auch wenn es um ihn herum tobt.

Wenn ich einen alten, fest verwurzelten Baum anschaue, habe ich teil an seiner Kraft – und werde gelassen.

Der Apostel Paulus begründet die Haltung der Gelassenheit damit, dass „die Gestalt dieser Welt vergeht". Darum soll sich ein Mensch so verhalten: „Er weint, als weine er nicht; er freut sich, als freue er sich nicht; er kauft, als würde er nicht Eigentümer; er macht sich die Welt zunutze, als nutze er sie nicht" (1 Korinther 7,30f). Bei allem, was wir tun, gilt es, um die Relativität zu wissen. Wenn uns jemand verletzt, weinen wir. Aber im Weinen sollen wir wissen, dass das nicht die letzte Wirklichkeit ist. Wir müssen in dieser Welt Dinge kaufen. Aber sie sind nicht das, worauf wir unsere Identität bauen können.

Es gibt eine andere Wirklichkeit. Für Paulus ist es das Ende der Welt, wenn Christus erscheint und alles neu macht. Dieser Glaube führt ihn zu einer inneren Freiheit, die uns heute gut täte. Unser Leben würde mehr Gelassenheit und Leichtigkeit atmen.

Gelassenheit haben vor allem die frühen chinesischen Weisen gepredigt. Sie glauben daran, dass das Eigentliche entsteht, wenn wir unsere Vorstellungen und Absichten loslassen. Sie sind einverstanden mit dem Tao, einverstanden mit dem Leben. Sie dienen dem Leben, damit es sich so entfalten kann, wie es von Gott her gedacht ist. Sie verzichten darauf, das Leben nach den eigenen Vorstellungen zurechtzubiegen. Tschuangtse sagt von den alten Weisen, die Gelassenheit verkörperten: „Sie nahmen alles, wie es kam. Völlig heiter nahmen sie den Tod an. Ohne Jammern, und gingen fort, dorthin, nach drüben."

Das Glück der Gelassenheit

Gelassen wird, wer in solch innerer Freiheit allem begegnet, was auf ihn zukommt. Darin sind sich die Weisen aller Religionen einig.

Viele stehen unter dem Druck, alles ändern zu müssen. Sie meinen, sie seien so, wie sie sind, nicht gut. Nur wenn sie sich veränderten, würden sie akzeptiert. Und: Die Welt ist nicht gut. Sie muss verbessert werden. Die Haltung der Gelassenheit sagt etwas anderes: Lass die Dinge so, wie sie sind. Akzeptiere sie. Meditiere dich in die Dinge hinein. Erst dann kannst du sie behutsam berühren und gestalten. Der gelassene Mensch lässt das Leben, wie es ist. Er lässt sich selbst so, wie er ist. Er vertraut darauf, dass Gott ihn gut geschaffen hat. Was er zu tun hat, ist, darauf zu achten, dass die ursprüngliche Gestalt, die Gott ihm gegeben hat, in ihm heranwachsen kann, dass er immer mehr zu dem wird, der er im Grunde ist.

Ich muss nicht ständig an mir herumändern. Ich bin schon gut. Das Gute braucht nur noch durchzubrechen durch all die Hüllen, die es verstellen.

Versuche, Gelassenheit einzuüben, indem du einfach mal die Dinge betrachtest, die du siehst. Schau dein Zimmer an, ohne etwas daran ändern zu wollen. Erfreue dich an dem, was ist, und spüre dich in die Dinge hinein, was sie dir sagen. Schau in die Landschaft, ohne sie im Bild festhalten, ohne sie umzugestalten zu wollen. Nimm wahr, was ist, und lass es so sein. Dann wirst du einen tiefen inneren Frieden spüren. Du wirst die Schönheit in allem erkennen. Du wirst die inneren Zusammenhänge entdecken. Und du wirst gelassen werden, frei von dem Zwang, alles nach deinen Vorstellungen ändern zu müssen. Lass die Dinge, wie sie sind. Lass deine Vorstellungen los. Dann blühen die Dinge auf. Die Gelassenheit wird dich reich beschenken.

Stelle dir vor: Du lässt deinen Freund oder auch deinen Feind so, wie er ist. Du verzichtest darauf, ihn ändern zu wollen. Du betrachtest ihn einfach, meditierst dich in ihn hinein und sagst zu dir: Er ist, wie er ist – sie ist, wie sie ist. Wenn du das eine Zeitlang versuchst, wird der Druck von dir abfallen, andere nach deinen Vorstellungen umzubiegen. Deine ungeduldigen Erwartungen an ihn oder sie werden schwinden. Er darf sein, wie er ist. Es ist gut, dass sie so ist, wie sie ist. In dieser gelassenen Haltung wirst du entdecken, was in ihm an Weisheit, an Kraft, an Sehnsucht, an Liebe steckt.

Gelassenheit wird dir zu einem guten Führer werden, mit den Menschen angemessen, vorurteilsfrei, liebevoll umzugehen. Und meist bleibt das Echo nicht aus.

Das Schwierigste ist, sich selbst loszulassen. Ich merke, dass sich das Ego in alles einmischen möchte. Wenn ich schreibe, drängt mich das Ego, etwas Interessantes zu schreiben, mit Worten Eindruck zu machen. Dann bin ich aber nicht frei, die Worte fließen zu lassen, die aus einer größeren Tiefe kommen. Wenn ich etwas sage, hindert mich das Ego, das zu sagen, was in meinem Herzen aufsteigt. Oft sage ich, um etwas zu bezwecken, um Eindruck zu machen, um Erwartungen zu erfüllen. Gelassenheit aber lässt dem Raum, was wirklich ist. Sie lässt die Wahrheit gewähren. Der deutsche Philosoph Martin Heidegger verlangt daher die Gelassenheit des Denkens. Das Denken hat die Aufgabe, die Dinge sein zu lassen, statt sich über sie Gedanken zu machen. Das Ego loslassen im Denken, Sprechen und Handeln ist eine ständige Aufgabe.

Immer wieder wird sich das Ego in den Weg stellen. Doch wenn es mir gelingt, es zu lassen, dann wird Gelassenheit zu einer Quelle des Friedens, der Freiheit, der Liebe – des Glücks.

Das Glück der Gesundheit

Nach Gesundheit sehnen wir uns alle. Gesundheit wird auf die Frage nach den wichtigsten Werten oft an erster Stelle genannt. Sie ist das höchste Gut. Hauptsache wir sind gesund. Dann wird alles andere sich schon richten. So meinen viele. Wonach sehnen wir uns, wenn wir darauf hoffen, gesund zu sein? Es ist offensichtlich die Sehnsucht, so zu leben, dass wir mit uns im Einklang sind, dass der Leib uns keine Probleme bereitet, dass die Psyche uns nicht davon abhält, so zu leben, wie wir das gerne möchten. Gesundheit ist mehr als das gute Funktionieren des Körpers.

Alle, die sich nach Gesundheit sehnen, sehnen sich letztlich nach Wohlbefinden, Wohlergehen. Wohlergehen meint einen glücklichen Zustand, einen Zustand, in dem wir das haben, was wir im Innersten wollen.

Wir tun heute viel für unsere Gesundheit. Wir haben ein neues Bewusstsein für gesunde Ernährung entwickelt. Wir lassen uns nicht einfach mit Sättigungsmitteln abspeisen, sondern suchen uns die Lebensmittel aus, die uns wirklich nähren. Wir haben ein neues Gespür für eine gesunde Lebensweise. Wir treiben Sport. Wir fahren mit dem Rad und gehen wandern. Wir nehmen uns Zeit zur Erholung. Wir lesen Bücher über gesunde Lebensweise, über eine gesunde Haltung zum Leben. Zahlreiche Ratgeberbücher sagen uns, wie wir über uns und unser Leben denken und worauf wir achten sollen, damit es uns gut geht.

Kaum eine Zeit kreiste so um das Gut der Gesundheit wie unsere. Und doch ist kaum eine Zeit kränker gewesen als die heutige.

In der Antike sah man als die wichtigste Aufgabe des Arztes nicht an, Krankheiten zu heilen, sondern die Kunst des gesunden Lebens zu lehren. Zum gesunden Leben gehörte das Einhalten des rechten Maßes. Ich muss so leben, wie es meinem Maß entspricht, meinem Maß an Wachen und Schlafen, an Arbeiten und Ruhen, an Essen und Fasten. Gesund lebt für die altgriechische Medizin der,

der seinem Wesen entsprechend lebt. Und zu diesem Wesen gehört auch die Beziehung zu Gott, die Religion.

Nur wenn der Mensch sich an Gott bindet – so glaubten die griechischen Ärzte –, wird er auf Dauer gesund leben können.

Das deutsche Wort „gesund" kommt von „geschwinde", das stark und kräftig bedeutet, heil und wohlbehalten und lebendig. Gesund ist also für die deutsche Sprache der, der kräftig genug ist, das zu tun, was das Leben von ihm verlangt. Und gesund ist der, der sich lebendig fühlt, der sich im Einklang mit sich selbst fühlt. Im Mittelalter verstand man Gesundheit als Gleichgewicht der inneren Kräfte, während die Krankheit immer Entgleisung aus diesem Gleichgewicht war.

Gesund ist der, der sein Leben bejaht, der eine positive Einstellung zu sich und seinem Leben hat.

Die Weltgesundheitsorganisation definiert Gesundheit als „Zustand vollständigen körperlichen, geistigen und sozialen Wohlbefindens und nicht nur als Freisein von Krankheiten". Gesundheit bezieht sich also nicht nur auf den Körper, sondern auch auf den Geist und auf die sozialen Beziehungen. Gesund ist ein Mensch, der sich in seinem Geist wohlfühlt, der in seinem Denken und Fühlen nicht durch neurotische Muster oder psychotische Spaltung beeinträchtigt ist. Und gesund ist der, der in gesunden Beziehungen lebt. Er braucht ein „soziales Immunsystem", das seine Gesundheit stärkt.

Anstatt daher immer um den Körper und sein Wohlbefinden zu kreisen, sollten wir dankbar sein für die Beziehungen, in denen wir uns getragen fühlen, und sollten sie pflegen. Dann werden sie unser Wohlbefinden stärken.

Das lateinische Wort für Gesundheit heißt: „salus". Es meint den unverletzten Zustand des Menschen, den heilen und ursprünglichen Zustand. „Salus" kann auch Gruß bedeuten. Im Grüßen wünsche ich dem Menschen alles, was ihm wohl tut, was ihn schützt, was ihn zum Leben führt. Ein anderes Wort für Gesundheit ist „valetudo". Es meint das Wohlbefinden. Es kommt von „valere" = gesund sein und stark sein. Die frühen Mönche nennen ihre Zelle, in der sie meditieren, ein „valetudinarium", einen Ort, an dem sie gesund werden.

Für sie war das Gebet der Ort, an dem sie mit ihrer eigenen Kraft in Berührung kamen und an dem sie vor Gott die Gesundung ihrer seelischen und körperlichen Kräfte erfahren durften.

Schon die alten Griechen kennen Gesundheitsfanatiker und „Diätsadisten" (ein Wort, das der Kölner Arzt Manfred Lütz geprägt hat), die sich abquälen, um auf alle Fälle gesund zu leben. Doch vor lauter Fixierung auf die Gesundheit sind sie ständig krank. Aristoteles lästert über den Gesundheitsapostel Herodikos: „Viele sind gesund in dem Sinne, wie man es von Herodikos sagt; solche Leute möchte niemand wegen ihrer Gesundheit glücklich preisen, weil sie auf alles oder doch auf das meiste von dem verzichten müssen, wozu der Mensch nun einmal da ist." Wenn Gesundheit nur durch Verzicht auf alles Schöne und Freudebringende erkauft wird, macht sie den Menschen nicht glücklich.

Auch der große griechische Philosoph Platon lästert über einen Mann, der alle seine Energie auf seine Gesundheit verlegte: „Er hat sein ganzes Leben vertan mit einem doch unfruchtbaren Herumarzneien."

Der große mittelalterliche Arzt Paracelsus hat das berühmte Wort geprägt: „Also ist der Mensch sein eigener Arzt." Die frühen Christen haben in Jesus Christus ihren Arzt gesehen. Aber auch sie sprechen vom inneren Arzt. Jesus ist auch in uns als der, der uns den Weg zum gesunden Leben weist. Der innere

Arzt spricht zu uns durch die leisen Stimmen in unserer Seele, die uns den Weg weisen zum richtigen Leben. Oft ahnen wir in uns, was uns gut tut. Aber es gibt dann tausend rationale Gründe, mit denen wir die innere Stimme zum Schweigen bringen. Die leise Stimme sagt uns, wann wir aufhören sollen, zu essen oder zu trinken. Sie treibt uns an, etwas für unsere Bewegung zu tun, und zeigt uns das Maß für unsere Tätigkeiten an. Wenn wir auf diesen inneren Arzt hören, dann werden wir gesund leben.

Der innere Arzt ist nicht nur Ratgeber. Er bringt uns vielmehr auch mit den Selbstheilungskräften in Berührung, die immer in uns sind. Wir brauchen nicht gegen jede Krankheit ein Medikament. Unser Leib hat in sich heilende Kräfte. Paracelsus meint, unsere eigene Natur sei unser Arzt. Mit den heilenden Kräften in unserer Natur kommen wir in Berührung durch unsere Seele. Der Weg, mit unserer Seele in Berührung zu kommen, ist das Meditieren oder Beten. Sie können die Heilungskräfte in unserem Innern hervorlocken. Bei vielen Krankheiten sollten wir zuerst den Selbstheilungskräften trauen, bevor wir außerhalb von uns nach Hilfe suchen. Es ist erwiesen, dass Beten und Meditieren eine heilende Wirkung auf den Menschen haben. Aber man kann dabei nichts erzwingen. Es ist immer ein Wunder, wenn Heilung geschieht.

Die Schule des Pythagoras hat die Kunst des gesunden Lebens in eine klare Tagesordnung hinein übersetzt. Die Anhänger des großen griechischen Philosophen wanderten gleich nach dem Aufstehen an ruhige und einsame Orte, um alle Sinne zu erfrischen und ihr Gemüt auf die Arbeit des Tages vorzubereiten. Nach der Arbeit gingen sie wieder spazieren, um zu besprechen, was sie erlebt hatten. Sie nahmen ein kühles Bad, reinigten ihre Gedanken vom lärmenden Tosen des Tages durch Musik und dankten Gott für das, was sie erlebt hatten.

Wir ahnen, wie heilsam eine ausgewogene Ordnung unseres Tages für Leib und Seele sein kann. Wir finden durch den äußeren Rhythmus den inneren Rhythmus unserer Seele, der für unsere Gesundheit verantwortlich ist.

Herophilos von Chalcedon, berühmter Arzt im antiken Griechenland, meinte: „Wenn die Gesundheit fehlt, kann sich die Weisheit nicht zeigen." Gesundheit war die Kunst, im Einklang mit dem Kosmos zu leben, im Einvernehmen auch mit Gott, dem Schöpfer des Alls. Die Heilkunst war daher die vornehmste aller Künste. Sie brachte den Menschen dazu, im Gleichklang mit seinem inneren Wesen und in Übereinstimmung mit den Regeln des Kosmos zu leben. Das führte zu einem behutsamen Umgang mit der Schöpfung, zu Achtung und Ehrfurcht vor allem, was ist. Gesundheit war mehr als Freisein von Krankheiten. Sie war eine Kunst des richtigen Lebens. Diese Kunst gilt es heute neu zu erlernen.

Der griechische Arzt Galenos hat die Kunst des gesunden Lebens in sechs Bereiche eingeteilt. Der erste Bereich bezieht sich auf Licht und Luft. Das gesunde Leben beginnt mit der Kunst des bewussten Atemholens. Im Atem strömt Gottes heilender Geist in alle Bereiche meines Leibes und meiner Seele, gerade in die verdrängten und vernachlässigten. Die Alten sprechen vom Heilatem. Der ruhige Atem beruhigt die Seele. Und dass Licht heilsam ist, haben wir heute neu entdeckt. Die Heilkraft der Sonne brauchen alle, die im Herbst oft von Depressionen heimgesucht werden. In der Sonne spazieren zu gehen, frische Luft zu atmen und das helle Sonnenlicht ins Gemüt eindringen zu lassen, ist heilsamer als viele Medikamente zu schlucken.

Der zweite Bereich, der für ein gesundes Leben wichtig ist, ist Speise und Trank. Wir haben heute ein neues Gespür dafür bekommen, ob wir uns gesund oder ungesund ernähren, zu viel oder zu wenig essen oder trinken.

Das Fasten haben wir neu als Reinigung des Leibes entdeckt. Eine ausgewogene Ernährung fördert die Gesundheit. Dabei dürfen wir nicht der Gefahr erliegen, bei jeder Nahrung allzu ängstlich auf die Kalorien oder etwaige Giftstoffe zu achten. Sonst verlernen wir das Genießen. Genießen kann jedoch nur, wer auch verzichten kann. Daher plädierten die Griechen für einfache Ernährung, die Leib und Seele erfreuen.

Entscheidend für die gesunde Ernährung war jedoch die Dankbarkeit für die guten Gaben der Schöpfung, die man im Segnen der Speisen zum Ausdruck brachte.

Der dritte Bereich des gesunden Lebens bezieht sich auf Bewegung und Ruhe. Wir brauchen beides. „Wer rastet, rostet", sagt das Sprichwort. Körperliche Bewegung und Sport stärken die Gesundheit. Ein gesundes Maß an Arbeit tut gut. Wer sich an seiner Arbeit zu freuen vermag, erlebt ihre heilsame Kraft. Sie gibt unserem Leben Sinn. Wir sind dankbar für das, was wir schaffen dürfen. Doch wir brauchen auch Zeiten der Ruhe, in der wir einfach nur da sind, das Dasein dankbar genießen.

Viele leiden heute an Ruhelosigkeit. Sie tun sich schwer, still zu werden, stehen zu bleiben, inne zu halten, um nach innen zu horchen und im Innern dem Geheimnis des Seins zu lauschen.

An vierter Stelle steht ein ausgewogenes Verhältnis von Schlafen und Wachen. Wir können in den Schlaf fliehen, weil wir enttäuscht vom Leben sind oder uns den Anforderungen nicht gewachsen fühlen. Es gibt aber auch Menschen, die abends nicht ins Bett kommen, weil sie meinen, sie müssten noch allerhand Wichtiges erledigen. Viele leiden heute unter Schlafproblemen. Es ist eine Kunst, sich in den Schlaf und im Schlaf in Gottes gute Hände fallen zu lassen. Sie gelingt nur dem, der sich selbst loszulassen vermag. Genauso wichtig wie das Schlafen ist aber auch das Wachen. Wachsein heißt: die Illusionen loszulassen, die wir uns vom Leben machen, und sich der Wirklichkeit zu stellen, wie sie ist. Wer wach durchs Leben geht, lässt sich nicht von irgendwelchen Modetrends bestimmen. Er ist innerlich frei. Er geht achtsam durch die Welt. Er achtet auf seine eigene Seele und auf seinen Leib.

Wenn Galenos als fünften Bereich des gesunden Lebens den richtigen Umgang mit Absonderungen und Ausscheidungen nennt, dann erscheint uns dies eher fremd. Doch Hildegard von Bingen ist sich nicht zu gut, über das Schwitzen, über das Weinen und über die gesunde Verdauung zu sprechen. Aufnehmen und Ausscheiden sind zwei Pole, die zum gesunden Leben gehören. Wer immer nur aufnimmt und nicht ausscheidet, der leidet an Verstopfung. Das Leben fließt nicht mehr. Schwitzbäder etwa gehören seit jeher zur Gesundheitsvorsorge. Wir schwitzen uns gesund.

Hildegard meint, wir sollten uns Zeit lassen

für die Verdauung, damit alles Unnötige aus unserem Leib ausgeschieden wird und uns nicht mehr belastet.

Der Umgang mit den „affectus animi", den Affekten und Emotionen, ist für Galenos ein wesentlicher Bereich der Kunst des gesunden Lebens. Viele Menschen werden krank, weil sie ihre Emotionen unterdrücken, andere, weil sie sich von ihnen beherrschen lassen. Sie sagen sich ständig negative Sätze wie: „Mich mag niemand. Ich bin ganz allein. Ich schaffe mein Leben nicht. Es ist alles so schwer." So machen sie sich selbst krank. Ein Weg zur Gesundheit ist im frühen Mönchtum, den Geist mit heilsamen Gedanken zu füllen, mit Worten der Bibel, die man sich vorsagt und immer tiefer ins Herz dringen lässt. Dann wird es gesund.

Ein Weg, dass die Worte der Bibel tief in mein Unbewusstes eindringen und mich dort prägen, geht über die Musik.

Wesentlich für den gesunden Umgang mit Leidenschaften, Emotionen und Gedanken ist der Verzicht auf das Bewerten. Viele Menschen beschuldigen sich, sobald sie negative Emotionen wie Zorn oder Eifersucht in sich wahrnehmen. Die Mönche sagen, wir seien nicht verantwortlich für die Gedanken, die in uns auftauchen, sondern nur dafür, wie wir mit ihnen umgehen. Die Gedanken dürfen sein. Sie haben einen Sinn. Aber ich sollte mich von ihnen nicht beherrschen lassen.

Daher ist es ein sehr guter Weg, mit den Gedanken und Emotionen ein Gespräch anzufangen. Was wollen sie mir sagen? Worauf wollen sie mich hinweisen? Welche Grundannahmen liegen ihnen zugrunde? Habe ich eine falsche und krankmachende Einstellung zu mir und meinem Leben? Im Gespräch mit den Gedanken und Gefühlen werde ich dann zum Gleichmut gelangen, der schon für die römischen Philosophen Cicero und Seneca die Voraussetzung für Gesundheit war. Ich nehme die Gedanken und Gefühle wahr. Aber ich lasse mich von ihnen nicht bestimmen. Ich schaue sie an, aber ich steige durch sie hindurch in den Grund meiner Seele. Dort auf dem Grund meines Herzens haben die Gedanken und Gefühle keinen Zutritt. Da bin ich im Frieden mit mir, im Einklang mit meiner Natur.

Der Weg zu meinem inneren Raum, in dem ich schon heil bin und gesund bin, geht jedoch über den Lärm der Gedanken und Gefühle, durch den Bereich heftiger Emotionen und Leidenschaften. Ich kann nicht an meiner Wahrheit vorbei in den Ort des inneren Friedens gelangen. Doch wenn ich in diesem inneren Raum der Stille bin, entdecke ich mein wahres Selbst. Und dieses Selbst ist heil und ganz. In diesen inneren Raum kann die Krankheit nicht vordringen. Da ist eine Gesundheit, ein Heilsein, das durch keine Krankheit und auch nicht durch den Tod zerstört werden kann.

In diesem inneren Raum komme ich zur

Ruhe. Es ist ein „valetudinarium", ein Ort, an dem ich gesund werde. Beten ist ein Weg zu diesem heilsamen und heilenden Raum meiner Seele.

In einem Bamberger Codex, um das Jahr 800 geschrieben, werden Krankheit und Gesundheit relativiert. Eine Krankheit kann heilsam für den Menschen sein, wenn sie sein Herz in seiner Verhärtung aufbricht. Und Gesundheit kann gefährlich sein, wenn sie den Menschen in seinem unseligen Trott bestärkt. Das Glück der Gesundheit hängt also nicht davon ab, ob wir körperlich krank oder gesund sind. Entscheidend ist, wohin uns Krankheit und Gesundheit führen.

Wenn uns eine Krankheit für das Geheimnis des Lebens, für unser wahres Selbst und für Gott als unser wahres Heil aufbricht, dann hindert sie uns nicht am Glück der Gesundheit.

Unsere Gesundheit wird nur dann für uns heilsam sein, wenn sie uns für Gott öffnet. Die Offenheit drückt sich aus in Dankbarkeit. Gesundheit hält uns lebendig, wenn wir sie dankbar als Geschenk aus Gottes Händen immer wieder neu empfangen, sie hegen und pflegen. Dass wir trotz aller negativen Einflüsse von außen und innen gesund sind, ist ein Wunder göttlicher Gnade. Wir können dieses Wunder nicht festhalten. Doch wenn wir Gott dafür danken, können wir unsere Gesundheit genießen und in ihr den Gleichklang mit dem Kosmos, mit unserem Leib und unserer Seele, mit den Mitmenschen und mit Gott erfahren.

Wir können die Gesundheit nicht als Besitz festhalten. Wir können sie nur immer wieder dankbar von Gott entgegen nehmen als das Glück, das er uns auf Zeit gewährt.

Das Glück
der Lebensfreude

Freude kann man nicht befehlen. Sie ist Ausdruck erfüllten Lebens. Ich kann nicht die Freude an sich anstreben, wohl aber versuchen, mein Leben mit allen Sinnen zu leben. Dann werde ich mit der Freude in Berührung kommen, die längst schon in mir ist. Je bewusster ich lebe, desto mehr werde ich Freude in mir spüren. In jedem von uns liegt auf dem Grund seiner Seele Freude bereit. Aber oft sind viele von dieser Freude abgeschnitten. Wir können es üben, mit der inneren Freude in Berührung zu kommen. Sie weitet unser Herz. Und es ist heilsam für unser ganzes Leben, wenn die Freude den Raum in uns einnimmt, der ihr eigentlich zukommt.

Wer die Freude in sich spürt, dem geht vieles leichter von der Hand. Dann bekommt sein Leben einen anderen Geschmack.

Es gibt viele Wege, mit der eigenen Freude in Berührung zu kommen. Ein Weg wäre, eigene Kinderbilder anzuschauen. Da werden wir oft einen ursprünglichen Ausdruck von

Freude in unseren Gesichtern wahrnehmen. Oder wir können – wie die Psychologin Verena Kast vorschlägt – eine Freudenbiographie schreiben. Wir könnten uns an alle Situationen erinnern, in denen wir uns gefreut haben. Der eine mag sich an die Vorfreude auf Weihnachten erinnern und an die Freude, wenn er als Kind in das Zimmer mit dem leuchtenden Christbaum trat. Eine andere erinnert sich an die Freude, wenn der Vater Zeit für sie hatte und mit ihr spielte. Wir könnten uns an alle Situationen erinnern, in denen wir uns gefreut haben.

Es gibt jeden Tag viele Gelegenheiten, sich zu freuen. Ich freue mich, wenn ich morgens aufstehe und weiß, dass ich heute in meiner Arbeit etwas Sinnvolles leisten kann. Ich freue mich über die aufgehende Sonne, über den aufkeimenden Frühling, über den hellen Sommermorgen. Ich freue mich, wenn ich durch duftende Felder gehe, den Geruch von Heu einatme, der mich intensiv an Ferienausflüge in der Kindheit erinnert. Begegnungen können Freude auslösen, wenn ich mich einfach auf den anderen einlasse und ganz bei ihm bin. Das aufmunternde Wort eines Freundes, ein sehnlichst erwarteter Brief, der heute ankommt, all das sind Anlässe zur Freude. Es braucht nur die Offenheit, das, was ich erlebe, intensiv wahrzunehmen.

Ich kann durch die schönste Landschaft wandern und dabei mürrische Gedanken hegen. Dann verbaue ich mir die Freude selbst. Die Befähigung zur Freude trägt jeder in sich. Aber ob ich mich öffne für die Freude, oder ob ich in meinen übertriebenen Erwartungen ans Leben hängen bleibe und traurig bin, dass sie sich nicht erfüllen, das ist ganz allein meine Entscheidung. Es braucht eine Entscheidung für die Freude. Von allein tritt sie nicht ein. Doch auch wenn ich mich für die Freude entscheide, kann ich sie nicht machen. Ich kann nur offener und dankbarer die Welt um mich herum wahrnehmen.

Dann aber werde ich die vielen Freuden entdecken, die jeder Tag für mich bereithält.

Freude sei eine gehobene Emotion, sagt Verena Kast. Sie tut der Seele gut. Sie macht die Seele weit, beschwingt, lässt das Leben leichter werden. Freude verbindet mich mit anderen Menschen. Freude drängt danach, sie mit anderen zu teilen. „Geteilte Freude ist doppelte Freude", sagt das Sprichwort. Freude schafft Beziehung, schenkt Lebendigkeit. Freude stärkt die Gesundheit. Das wussten schon die Weisen des Alten Testamentes: „Ein fröhliches Herz tut dem Leib wohl, ein bedrücktes Gemüt lässt die Glieder verdorren" (Sprüche 17,22). Wer bekümmert und sorgenvoll zu Bett geht, den quälen die Sorgen oft noch während des Schlafes. „Der Schlaf des Fröhlichen wirkt wie eine Mahlzeit, das Essen schlägt gut bei ihm an" (Sirach 30,25).

Ich kann mich über ein gutes Gespräch freuen oder über eine schöne Landschaft.

Freude, die unabhängig ist von äußeren Umständen, ist Freude über mich selbst. Wenn ich das Geheimnis meines Lebens bedenke, meine Einmaligkeit und Einzigartigkeit, wenn ich wahrnehme, was mir geschenkt ist an Gaben und Fähigkeiten, dann habe ich genügend Grund zur Freude. Ich freue mich an meinem Leib, über die Hände, die so flink schreiben können, die aber auch zärtlich und einfühlsam sind. Ich freue mich, wenn ich in einer Gebetsgebärde mit meinen Händen Gottes Nähe spüre.

Hildegard von Bingen lässt die Seele zu den Gliedern des Leibes sprechen: „Wie freue ich mich von Herzen, dass ich in euch gesandt ward."

Der griechische Philosoph Plotin schämte sich, einen Leib zu haben, der ihn begrenzt und ihm hinderlich ist. Hildegard von Bingen lädt dazu ein, unseren Leib zu lieben und uns an ihm zu freuen. Nahrung kann diese innere Freude stärken. Wir können uns für die

Freude öffnen. Aber diese Freude braucht durchaus auch Disziplin. Disziplin besteht für Hildegard in der Kunst, sich immer freuen zu können. Wenn ich ein Stück Torte bewusst genieße, spüre ich Freude. Wenn ich vier Stücke in mich hineinschlinge, ärgere ich mich nachher über mich selbst.

Freude braucht die Fähigkeit, sich zu begrenzen und sich ganz auf das einzulassen, was gerade ist.

Ich freue mich an dem, was ich tue. Wenn mir etwas gut von der Hand geht, löst es in mir Freude aus. Oder wenn mir etwas glückt und ich Erfolg habe, kommt Freude auf. Manche meinen, das widerspreche der Demut und Bescheidenheit. Sie verstehen nicht, was Demut eigentlich bedeutet. Wenn ich demütig bin, weiß ich, dass ich mich nicht vom Erfolg her definieren und dass ich ihn nicht festhalten kann. Aber weil ich um die Relativität des Erfolgs weiß, kann ich mich über ihn freuen. Ich freue mich, wenn ein Gespräch gut verläuft, und dann ist es für mich nicht anstrengend.

Freude ist ein Gefühl, in dem ich ganz bei mir bin. Zugleich lasse ich mich in der Freude ganz auf den andern und den Augenblick ein.

Wer nur um sich selbst kreist, dem ist jedes Gespräch zuviel. Er empfindet es als Anstrengung. Freude lässt die Arbeit fließen. Sie ist eine gute Quelle, aus der wir schöpfen können, ohne erschöpft zu werden. Manchen Menschen merkt man es an, dass ihnen die Arbeit Spaß macht. Sie fühlen sich nicht gestresst oder erschöpft, denken bei der Arbeit nicht ständig an den Feierabend, sind ganz bei der Arbeit, lassen sich darauf ein und empfinden dabei Freude. Wer Arbeit als Gegner der Freude sieht, vergeudet einen Großteil seines Lebens mit negativen Gefühlen. Es ist eine Kunst, sich auf die Arbeit zu freuen und sie selbst als Freude zu erleben.

Das Glück der Lebensfreude

Es braucht nicht viel, um sich freuen zu können. Es genügt, ganz im Augenblick zu sein. Wenn ich versuche, ganz gegenwärtig zu sein, dann freue ich mich einfach zu leben. Ich bin, also freue ich mich. Ich erlebe meinen Atem als Freude. Im Atem atme ich Freude ein, Leben, Liebe, Klarheit, Frische. Ich genieße es, jetzt nichts tun zu müssen. Ich sitze da, atme, schaue, höre, rieche. Ich bin im Einklang mit mir selbst. Es braucht keine Geschenke von außen. Allein die Bereitschaft, mich jetzt gerade auf diesen Augenblick einzulassen, genügt mir, um Freude zu erfahren.

Aber es braucht auch Übung, alle Sorgen loszulassen, sich von allen Grübeleien zu verabschieden, um ganz in diesem Augenblick zu sein.

Ich hatte einen Mitbruder, der mit 92 Jahren gestorben ist. Bis ins hohe Alter hinein ging er zu jedem Mitbruder, der Namenstag feierte und spielte ihm mit seiner Trompete ein Ständchen vor. Als er mir an meinem

Namenstag nicht nur mit der Trompete vorspielte, sondern auch zur Mundharmonika mit seinen 87 Jahren tanzte und mir ein Gedicht vortrug, das er eigenhändig aufgeschrieben hatte, meinte er, als ich mich bei ihm bedankte, es sei doch das Schönste, einem andern Freude zu machen. Indem er anderen Freude bereitete, ließ er auch im Alter die Freude nie ausgehen.

Wir sollten nicht immer auf andere warten und sie verantwortlich machen für unsere Freude oder Trauer. Wir können selbst hingehen und andern eine Freude machen. Das wird unsere eigene Freude verstärken.

Es gibt gemeinsame Abende, in denen wir miteinander einen Geburtstag oder Namenstag feiern. Nach manch einer Feier höre ich manchen schwärmen: Das war heute so richtig schön. Wenn Menschen sich aneinander freuen können, wenn sie sich gerne, geistreich und auch witzig miteinander unterhalten, wenn sie gemeinsam feiern, erfreuen sie sich gegenseitig. Die Bedingung, dass solche Freude entstehen kann, ist die Dankbarkeit für jeden, der da mitfeiert. Wenn ich mich nur selbst in den Mittelpunkt stelle, werde ich wenig Freude erzeugen. Freude braucht den Austausch, die Achtung und die Bereitschaft, jeden gelten zu lassen.

Wenn jeder sich einbringen kann, dann ist das Miteinander eine unerschöpfliche Quelle von Freude.

Die Natur ist eine besondere Quelle von Freude. Im Alten Testament gibt es einen Psalm, in dem ein Beter voller Freude erzählt, was er beobachtet. Er freut sich darüber, dass Gott die Quellen hervorsprudeln lässt, aus denen die Wildesel ihren Durst stillen. Er beschreibt voller Freude die Vögel des Himmels, deren Gesang aus den Zweigen erklingt. Er preist Gott, dass er dem Menschen den Wein schenkt, „der das Herz des Menschen erfreut" (104, 15). Er endet sein Gedicht mit den Worten: „Möge ihm mein Dichten gefallen. Ich will mich freuen am Herrn" (104, 34). Die Freude an der Schöpfung ist für ihn zugleich Freude über den Schöpfer.

Die Schöpfung ist voller Lebensfreude, wenn wir sie nur mit offenen Augen und dankbarem Herzen bestaunen.

Das deutsche Wort Freude kommt von einer Wurzel, die „erregt, bewegt, lebhaft, schnell" bedeutet. Freude lässt den Puls schneller schlagen. Sie bringt die Energie im Menschen zum Fließen. Alles geht da schneller von der Hand. Freude schenkt dem Leben Leichtigkeit. Sie nimmt ihm das Angestrengte und Überfordernde. Wer aus der Lebensfreude heraus wirkt, dem gelingt mehr. Alles fällt ihm leicht. Die Erdenschwere schwindet. Die Freude drängt dazu, etwas anzupacken. Sie ist eine wichtige Triebfeder der Kreativität. Das hat schon Friedrich Schiller in seiner berühmten Ode an die Freude so gesehen:

Das Glück der Lebensfreude

„Freude heißt die starke Feder
In der ewigen Natur.
Freude, Freude treibt die Räder
In der großen Weltenuhr."

Die Menschen des Alten Testaments der Bibel sehen in Gott die tiefste und zugleich zuverlässigste Quelle ihrer Freude. Ein Psalmist nennt Gott den „Gott meiner Freude" (43, 4). Sein Gottesbild war weit weg von dem Angst machenden Bild, das manche heute noch in ihrer Seele tragen. Nein, Gott ist Grund der Freude. Gott zu preisen erfreute das Herz des frommen Juden. Zugleich wusste er, dass Gott alle Tränen abwischen und uns immer wieder mit Freude erfüllen wird. Gott ist der Garant, dass wir uns immer wieder freuen dürfen. Das war keine euphorische Spiritualität, die Trauer ausschließt. Vielmehr haben sich die Menschen auch den negativen Erfahrungen ihres Lebens gestellt und dabei erfahren, dass Gott ihre Trauer in Tanz zu wandeln vermag.

Bei seinen Abschiedsworten spricht Jesus einen denkwürdigen Satz zu seinen Jüngern: „Dies habe ich euch gesagt, damit meine Freude in euch ist und damit eure Freude vollkommen wird" (Johannes 15,11). Es betraf vermutlich nicht nur den Inhalt der Worte, der Freude auslöste, sondern die Art und Weise, wie Jesus sprach. Seine Stimme vermittelte die Stimmung der Freude. Offensichtlich ging von ihm etwas aus, das die Menschen mit der Freude in Berührung brachte, die auf dem Grund ihres Herzens immer schon bereit lag. Er vermittelte mit seinen Worten seine eigene freudige Gestimmtheit.

Es gibt Menschen, mit denen man sich gerne unterhält. Von ihrer Stimme und von ihren Worten geht etwas Angenehmes aus. Bei andern dagegen fühlt man sich unwohl, spürt das Aggressive, Unzufriedene aus ihnen heraus. Wir können unsere Stimme nicht einfach so verändern, dass wir in anderen Freude hervorrufen. Bei manchen alten Weisen spürt

Das Glück der Lebensfreude

man, dass jedes Wort aus ihrem Mund uns mit unserer eigenen Freude in Berührung bringt. Sie haben die Licht- und Schattenseiten des Lebens durchlebt. Jetzt geht von ihnen etwas aus, das unsere Freude „anfüllt", wie der griechische Text es ausdrückt.

Wir spüren die Freude als Essenz ihres langen Lebens. Im Gespräch mit ihnen haben wir teil an ihrer Freude. Das füllt unsere Freude, die durch Enttäuschungen oft in uns versickert ist, wieder an.

Sich an äußeren Dingen zu freuen ist durchaus eine Kunst. Denn es gibt Menschen, die sich in der schönsten Gegend und trotz des besten Wetters nicht freuen können. Sie sind so mit sich und ihren Problemen beschäftigt, dass sie den Blick für die schönen Dinge um sich herum verloren haben. Es braucht die Offenheit, um sich an der Rose, am Lächeln eines Kindes, an der Güte eines alten Menschen freuen zu können. Und es braucht die Fähigkeit, mit allen Sinnen im Augenblick zu leben. Freude geht über das Schauen, über das Hören, das Riechen, über das Schmecken und das Tasten.

Ich freue mich, wenn ich eine Bachkantate höre, wenn ich einen Sonnenuntergang schaue, wenn ich köstlichen Wein trinke. Aber es braucht die Kunst, ganz in dem zu sein, was ich gerade spüre.

Die Freude an äußeren Dingen wird mir genommen, wenn sie sich mir entziehen, wenn das Wetter umschlägt, wenn der Erfolg zum Misserfolg wird. Wahre Freude ist jedoch unzerstörbar. Es ist eine Freude, die uns niemand nehmen kann. Gregor von Nyssa (4. Jh.) sprach von der unzerstörbaren, unbegrenzten und immerwährenden Freude. Sie ist nicht an das Sichtbare gebunden. Sie strömt aus tieferen Schichten der Seele. Sie ist Ausdruck einer tiefen Gotteserfahrung. Wer Gott erfährt – davon war Gregor überzeugt –, der hat in sich eine Freude, die durch äußere Leiderfahrungen zwar überdeckt, aber letztlich nicht genommen werden kann. Das ist eine göttliche Freude.

Paulus hat diese Freude sogar im Gefängnis erfahren, in dem er jeden Tag mit der Hinrichtung rechnen musste. Er hatte in sich diese unzerstörbare Freude, weil er sich in Christus gegründet wusste.

Von der inneren Freude sprechen auch die Märchen. Hans im Glück freut sich zunächst über den Goldklumpen, den er als Lohn für seine Arbeit bekommt. Doch dann wird er ihm beschwerlich. Er freut sich über das Pferd, auf dem er so leicht dahinreiten kann. Doch schließlich fasziniert ihn die Kuh, die ihm Milch gibt. Er tauscht das Pferd gegen die Kuh und die gegen ein Schwein und schließlich gegen eine Gans. Die Gans tauscht er gegen drei Wetzsteine, die ihm ein Scherenschleifer gibt. Als sie ihm ins Wasser fallen, da fühlt er sich erst richtig frei: „So wahr Gott über mir lebt, bis heute hat es wohl keinen glücklicheren Menschen, als ich bin, gegeben." Jetzt freut er sich einfach an seinem Dasein. Er ist offen für den Augenblick, in dem er seine Lebendigkeit spürt. Und die genügt ihm zu seiner Freude.

Johann Wolfgang von Goethe wusste es aus eigener Erfahrung: „Die beste Freude ist das Wohnen in sich selbst." Wenn ich bei mir selbst zu Hause bin, dann bin ich von Freude erfüllt. Sie ist Ausdruck bewussten, erfüllten Lebens. Wer in sich selbst wohnt, entdeckt im innersten Raum seines Lebenshauses die Freude. Sie ist immer schon in ihm, selbst wenn äußere Wolken sie verdunkeln. Wenn ich mich von den Konflikten und Widrigkeiten um mich herum immer wieder in den inneren Raum meiner Seele zurückziehe, werde ich die Freude wahrnehmen. Die Mystiker sprechen vom innersten Raum der Stille.

Und dort erfahren sie in sich den Himmel, eine himmlische Freude, wie sie im fröhlichen Gesang der Engel zum Ausdruck kommt.

Das Glück der Liebe

Liebe ist ein abgegriffenes Wort. Aber dennoch wird es immer wieder in den Mund genommen. Es weckt in den Hörern die Sehnsucht nach Verzauberung des Lebens, nach Erfüllung, nach Nähe, nach Zärtlichkeit. In jedem Menschen steckt die Sehnsucht, zu lieben und geliebt zu werden. Zahlreiche Schlager kreisen um dieses Thema. Doch zugleich erfährt der Mensch, dass die Liebe bei aller verwandelnden Kraft immer auch brüchig ist. Sie hält nicht ewig, sie zerrinnt uns zwischen den Fingern.

Wir sehnen uns nach einer Liebe, die uns für immer erfüllt. Aber offensichtlich verweist die Liebe, die wir mit einem Menschen erfahren, immer über sich hinaus auf eine größere Liebe, auf eine unvergänglich ewige, letztlich auf eine göttliche Liebe.

Viele denken beim Wort Liebe ans Verliebtsein. Als sie sich in jungen Jahren in eine Frau oder einen Mann verliebten, da schwebten sie gleichsam wie auf Wolken. Da wurde alles in ihnen lebendig. Sie fühlten sich wie verzaubert. Die Liebe ließ sie immer nur an den geliebten Menschen denken. Seine Nähe war für sie wie ein Lebenselixier. Sie blühten auf. Sie fühlten sich glücklich. Verliebtsein steht am Anfang jeder großen Liebe. Aber häufig verlieben wir uns auch später noch. Selbst wenn wir glücklich verheiratet sind, treffen wir auf einen Mann oder eine Frau. Wir schauen sie an und spüren: Es ist Liebe auf den ersten Blick. Viele geraten dann in Angst, die eigene Ehe zu zerstören.

Gegen das Verliebtsein ist kein Kraut gewachsen. Aber es kommt darauf an, dass ich verantwortungsvoll damit umgehe.

Wenn ich mich in einen Mann oder eine Frau verliebe, erlebe ich mich selbst als liebesfähig. Ich spüre eine tiefe Liebe. Diese Liebe ist in mir. Sie wird zwar vom andern ausgelöst. Aber es ist meine Liebe. Viele machen sich dann jedoch vom andern abhängig und geraten in Turbulenzen mit ihrem bisherigen

Lebenskonzept. C. G. Jung meint, Verlieben habe immer mit Projektion zu tun: Ich verliebe mich in einen Menschen, der etwas lebt, was auch in mir ist, was ich aber bisher zu wenig verwirklicht habe.

Das Verliebtsein ist daher immer eine Herausforderung an mich, bisher Vernachlässigtes, Lebenswertes zu leben. Der andere hat es hervorgelockt. Aber es ist nicht vom andern abhängig.

Wenn ich nur lebendig bin, wenn der geliebte Mensch da ist, werde ich abhängig. Und diese Abhängigkeit ist letztlich gegen meine Würde. Je mehr ich aber in mir verwirkliche, was der andere in mir anregt, desto weniger werde ich abhängig. Ich darf den andern dankbar wahrnehmen. Ich darf mein Verliebtsein spüren, ohne Angst zu haben, dass ich den Menschen, mit dem ich in Liebe verbunden bin, verlassen muss. Verliebtsein ist ein Weg, den Reichtum meiner eigenen Seele nach und nach zu entfalten.

Das Ziel unserer Sehnsucht nach Liebe ist nicht, dass einmal jemand kommt, der uns so liebt, dass wir für immer satt sind. Wir werden nie ganz satt werden an menschlicher Liebe. Das Ziel der erfüllenden und enttäuschenden Erfahrungen mit der Liebe ist, dass wir Liebe werden, dass wir die Liebe als Qualität erfahren, die unser ganzes Dasein prägt, als eine Quelle, die in uns strömt. Eine Frau erzählte, dass sie bei einem Spaziergang auf einmal das Gefühl hatte, sie sei ganz Liebe. Sie liebte nicht einen bestimmten Menschen, sondern sie war Liebe. Die Liebe in ihr strömte zu allem hin, was sie umgab. Sie erfüllte ihren Leib und ließ sie ihn auf neue Weise spüren. Von ihr strahlte Wohlwollen zu allem aus. Sie spürte einen angenehmen Geschmack in sich, den Geschmack der Liebe.

Das Wort Liebe kommt von der mittelhochdeutschen Wurzel „liob = gut". Es hängt mit zwei anderen Worten zusammen: glauben und loben. Glauben heißt: das Gute sehen, den guten Kern in einem Menschen erkennen, mit guten Augen in die Welt schauen. Und loben: das Gute benennen, gut von einem Menschen reden, Worte sprechen, die der Seele gut tun. Lieben bedeutet dann: gut mit einem Menschen umgehen, den ich mit guten Augen anschaue, in dem ich das Gute in ihm erkenne und dem ich vertraue, dass er sich nach dem Guten sehnt. Die deutsche Sprache hat die Liebe nicht mit tiefen Gefühlen aufgeladen, sondern sieht sie nüchterner: Als gutes Umgehen mit Menschen, als eine gute Behandlung. Indem ich gut mit jemandem umgehe, locke ich das Gute in ihm hervor.

Die griechische Sprache kennt drei Wörter für die Liebe. Offensichtlich haben die Griechen der Antike eine eigene Kultur der Liebe entfaltet, die differenzierter ist als die des deutschen Sprachraums. Da gibt es den „eros" – das ist die begehrliche, die leidenschaftliche Liebe. Der Eros wird als junger Mann dargestellt, der seine Liebespfeile auf Männer und

Frauen schießt. Wer getroffen ist, wird gleichsam krank vor Liebe. Er verliebt sich unsterblich in einen andern Menschen und kommt nicht mehr los von ihm. Eros ist aber auch die vereinende Kraft, die Menschen miteinander eins werden lässt. Und Eros kann eine Quelle leidenschaftlicher Kraft sein.

Es gibt den pädagogischen, den wissenschaftlichen sowie den Eros eines Arztes oder eines Künstlers. Eros treibt den Menschen an, sich mit aller Kraft einer Sache oder einer Person zu widmen.

„**Philía**" ist die Freundesliebe. Sie liebt den andern nicht, um ihn zu begehren oder zu besitzen. Sie freut sich vielmehr am andern, so wie er ist. Die Griechen sangen immer wieder das Lob der Freundschaft. Die Freundesliebe veredelt den Menschen. Sie ist nur möglich zwischen guten Menschen. Das Ziel der Freundesliebe ist, sein Leben für den andern einzusetzen. Jesus hat seine Liebe zu seinen Jüngern als Freundesliebe verstanden: „Es gibt keine größere Liebe, als wenn einer sein Leben für seine Freunde hingibt" (Johannes 15,13).

Die Freundesliebe freut sich am Sosein des Freundes. Sie will ihn nicht verändern, sie gibt ihm den Raum, in dem er wachsen und den Reichtum seiner Seele entfalten kann.

„**A**gape" ist die göttliche, die selbstlose Liebe, die höchste Form der Liebe. Von ihr spricht Jesus immer wieder (im Johannesevangelium) als das Kennzeichen der Christen. Die Agape strömt aus der Quelle göttlicher Liebe. Wenn Gott Mensch wird, dann feiert er Hochzeit mit den Menschen, dann gibt er ihnen maßlos den Wein, in den er das schal gewordene Wasser verwandelt hat. Wenn göttliche Liebe einen Menschen erfüllt, dann gibt sie seinem Leben einen neuen Geschmack, den süßen Geschmack köstlichen Weins. Es ist weniger eine Forderung, die Jesus aufstellt, mit dieser reinen Liebe zu lieben, sondern eine Verheißung.

Das Glück der Liebe

Ich bin fähig zu dieser selbstlosen Liebe, wenn ich mich öffne, sie aus der göttlichen Quelle zu empfangen. Dann verleiht sie meinem Leben eine neue Qualität.

Schon das Alte Testament kannte den Ruf: „Deinen Nächsten sollst du lieben wie dich selbst" (zitiert in: Lukas 10,27). Christen haben sich oft und oft auf die Liebe zum Nächsten konzentriert und dabei die Selbstliebe vergessen. Heute sind wir uns bewusst, wie schwer es ist, sich selbst zu lieben. Wir haben von uns so hohe Idealbilder verinnerlicht, dass es schwer fällt, uns in unserer Durchschnittlichkeit anzunehmen oder auch unseren Leib so zu lieben, wie er gestaltet ist, und unsere Psyche mit all ihren Verwundungen zu lieben. Es liegt alles daran, dass ich diesen konkreten Menschen, der ich bin, gerne mag, dass ich liebevoll mit ihm umgehe.

Darum geht es: mein Wohlwollen auf diesen verletzten, bedürftigen und in sich so begrenzten Menschen zu richten – in Liebe.

Es gibt manchen, der von sich behauptet, dass er alle Menschen liebt. Aber den konkreten Menschen in seiner Nähe zu lieben fällt ihm schwer oder erst gar nicht ein: den Nachbarn, der ihm auf die Nerven geht, die Arbeitskollegin, die so kompliziert ist. – Was heißt es konkret, den Nächsten zu lieben? Jesus hat auf diese Frage hin das Beispiel vom barmherzigen Samariter erzählt. Der Nächste? Das ist der, der unter die Räuber gefallen ist, verletzt und ausgeplündert am Straßenrand liegt. Lieben heißt da nicht, den andern mein ganzes Leben lang mit mir herumzutragen. Der Samariter geht auf ihn zu, lädt ihn auf sein Lasttier und übergibt ihn in der nächsten Herberge dem Wirt. Er tut, was er zu tun in der Lage ist, mehr nicht.

Entscheidend ist, dass ich den nicht übersehe, der an meinem Straßenrand liegt und meiner Hilfe bedarf.

Was befähigt mich, den Nächsten zu lieben? Jesus gibt dazu einen Schlüssel: Alles, was ich dem „geringsten Bruder", der „geringsten Schwester" tue, das sei ihm getan. Wie lässt sich das verstehen? Jesus lebte vor 2000 Jahren, wie kann er mir heute in einem Handwerker, einer Kollegin, einem Postboten etc. begegnen? Zumindest ist wahr für mich: In jedem Menschen lebt ein göttlicher Kern, etwas, was Jesus Christus voll und ganz verkörperte: den Menschen, in dem Gott selbst wohnt. In jedem menschlichen Gesicht verbirgt sich, zeitlos, etwas vom Antlitz des Mensch gewordenen Gottes.

Daher heißt Nächstenliebe zuerst: die wunderbare Wesenswürde eines jeden Menschen zu achten und so mit ihm umgehen, dass ich seine Würde ehre und wahre.

Ein Jude brachte seinen schwierigen Sohn zu einem Rabbi und erklärte seine Ohnmacht, mit seinem Sohn umzugehen, der widerspenstig und unausstehlich sei. Als Vater wisse er nicht mehr, was er mit ihm machen solle. – Der Rabbi umarmte den Sohn so lange, bis er sich bedingungslos geliebt fühlte. Dann gab er ihn seinem Vater zurück, verwandelt, geheilt. – Die höchste Würde der Liebe wohnt darin, dass wir jemanden gesund zu lieben vermögen. Liebe ist etwas Aktives. Sie bringt das Gute im anderen zum Vorschein. Liebe heilt, verwandelt. Doch schon manche Frau ist damit gescheitert, dass sie ihren alkoholkranken Mann gesund lieben wollte.

Bei aller heilenden Kraft meiner Liebe muss ich auch ihre Grenzen akzeptieren: Liebe vermag wirklich zu heilen – aber nur dann, wenn der andere die Liebe annimmt und Liebe in sich selbst wiederfindet.

Verliebte Paare sind für ihre Umgebung etwas Erfrischendes und Belebendes. Wenn ich auf meinen langen Autofahrten in Raststätten eine Pause einlege, beobachte ich manchmal Paare, die sich nichts mehr zu sagen haben. Man hat den Eindruck, ihnen sei die Liebe abhanden gekommen. Sie sind noch zusammen, aber ihr Miteinander strahlt nichts aus. Ihre Liebe ist alltäglich geworden. – Aber ich sehe auch ältere Paare, die so liebevoll miteinander umgehen, dass ich mich über das Geschenk ihrer Liebe nur freuen kann. Wie groß muss ihre Liebe sein, wenn sie auch im Alter noch glänzt und sie einander so zugewandt sind. Ich spüre ein tiefes Einverständnis.

Es sind nicht die starken Gefühle von Verliebtsein, sondern der Geschmack einer reif gewordenen Liebe, der mich beeindruckt.

Der spirituelle Altmeister Augustinus (4. Jh.) hat ein wunderschönes Wort gesagt: „Liebe und tu, was du willst!" – ein Wort gegen jedes enges Gesetzesdenken. Wer liebt, braucht sich nicht mehr um Gebote kümmern, die er einhalten sollte. Er tut immer das Richtige. Wenn ich meine Arbeit liebe und sie aus Liebe zu den Dingen, die ich forme, und zu den Menschen, für die ich arbeite, verrichte, geht Segen von ihr aus. Wenn ich die Menschen, für die ich in meiner Firma verantwortlich bin, liebe, werde ich genau richtig mit ihnen umgehen. Wenn ich die Menschen, die ich in einer Therapie oder geistlichen Beratung begleite, liebe, wird die Begleitung für sie heilsam sein.

Wenn ich die Menschen liebe, fällt mir immer das Richtige ein, wie es gerade gut ist, ihnen zu begegnen.

Jeder lebt davon, dass er/sie Liebe erfahren hat. Wir sind von den Eltern geliebt worden, so gut sie es vermochten, und werden noch immer geliebt. Auch wer sich mehr Liebe von den Eltern gewünscht hätte, kann gewiss sein, dass sie an Liebe gegeben haben, wie sie es konnten. – Wir sind im Leben vielen Menschen begegnet, von denen wir Liebe empfangen haben. Von dieser Liebe können wir zehren. Sie gibt die Gewissheit, dass wir liebenswert sind. Und – weil wir Liebe von den Eltern, den Großeltern, Geschwistern, Lehrern und Freunden entgegen genommen haben, sind wir selber fähig, Liebe zu geben.

Nur wer nimmt, vermag zu geben. Aber umgekehrt sollten wir nicht im Nehmen stecken bleiben. Nur wenn wir Liebe geben, werden wir sie immer wieder auch nehmen können.

Gott liebt die Menschen? Für viele ist solch eine biblische Zusage viel zu abstrakt, sie entspricht nicht ihrer Erfahrung. Solche Worte allein können ihnen die Erfahrung der Liebe Gottes nicht vermitteln. Doch manchmal blitzt plötzlich, wie aus heiterem Himmel, ein Gefühl auf, dass Gott mich bedingungslos liebt. Und dann? – Eine Frau fühlte sich im Urlaub, als sie auf einer Bank saß und in die schöne Landschaft sah, von Gottes Liebe umhüllt. In gleichen Augenblick traten ihre Verletzungen wie von selbst völlig zurück, an denen sie so lange litt. Sie fühlte sich ganz und gar gut mit ihrem Leben.

Die innere Gewissheit der bedingungslosen Liebe Gottes wurde zum Heilmittel für ihre Wunden – tiefer Friede war in ihr.

Liebe von einem Menschen oder zu einem Menschen erfahren wir hautnah. Sie zeigt sich in starken Emotionen. Die Liebe Gottes bleibt oft nur im Kopf. Doch gerade dann, wenn menschliche Liebe brüchig wird, kann uns aufgehen, was das Wesen der göttlichen Liebe ist: Sie allein ist bedingungslos. Der Pastoralpsychologe Karl Frielingsdorf meint, viele Menschen würden in der Kindheit nur bedingte Liebe erfahren: „Ich liebe dich, wenn du brav bist, wenn du etwas leistest, wenn du Erfolg hast ..." Solch bedingte Daseinsberechtigungen führen nur zu Strategien des Überlebens: Ich leiste immer mehr, damit ich endlich geliebt werde. Ich passe mich überall an, sage nie meine Meinung, damit ich bei allen beliebt bin.

Da ist es zutiefst heilsam, der bedingungslosen Liebe Gottes zu vertrauen: Ich werde von Gott geliebt, weil ich ich bin, nicht weil ich besonders gut, brav, fromm oder angepasst bin. – Und in der Mangelerfahrung bedingungslos menschlicher Liebe kann mir das Wesen der göttlichen Liebe neu aufgehen: Wer dieser kostenfreien Liebe Gottes vertraut und sie in sich spürt, vermag wahrhaft zu leben. Das andere ist für Frielingsdorf nur ein Überleben, nicht das wirkliche Leben.

Um vom Überleben zum Leben zu gelangen, brauchen wir die Gewissheit, dass wir bedingungslos geliebt sind.

Viele beklagen sich bei mir und sagen: „Die Liebe eines Menschen kann ich spüren. Wenn ich jemanden umarme, dann fühle ich die Liebe in meinem Atem, in meiner Haut. Aber Gottes Liebe vermag ich nicht zu spüren ..." – Aber wenn ich darauf vertraue, dass Gottes Liebe die Schöpfung durchdringt, dann vermag ich seine Liebe zumindest zu erahnen. Wenn ich mich in die Sonne stelle und mich von ihrer Wärme durchdringen lasse, fühle ich seine wärmende Liebe. Oder wenn ich das Gras zärtlich streichle, erahne ich seine Zärtlichkeit mit mir. Für mich ist es auch die

Musik. Wenn ich etwa eine Bach-Kantate höre, fühle ich mich von Gottes Liebe umgeben und durchtönt.

Dann weiß ich mich geborgen. Dann erahne ich, wie sich das Glück der Liebe anfühlt.

Der französische Dichter Saint-Exupéry sagte einmal, in der Sehnsucht nach Liebe sei längst schon Liebe. Viele Menschen bedauern und leiden daran, dass sie in sich so wenig Liebe spüren und sich nicht wirklich geliebt wissen. Sie bleiben oft in ihrem Schmerz stecken. Da kann es heilsam sein zu wissen, dass die Sehnsucht nach Liebe längst schon Liebe ist. Diese Sehnsucht kann ich spüren. Ich brauche nur die Hand aufs Herz zu halten und in mich hinein zu horchen. Dann komme ich in Berührung mit meiner Sehnsucht; in ihr die Liebe wahrzunehmen, darum geht es. Sie ist bereits da, in mir.

In der Sehnsucht nach Liebe ist schon eine Liebe, die mir niemand streitig zu machen vermag.

Das Glück der Stille

Viele sehnen sich heute danach, still zu werden, dass Stille sie von außen wie von innen umgibt. Aber zugleich erleben sie, Stille nicht einfach machen zu können. Wenn sie sich ruhig hinsetzen, wird es in ihnen nicht gleich still. Sie begegnen zunächst einmal dem inneren Lärm der Gedanken und Gefühle. Das ist für sie unangenehm. Denn da melden sich Ärger und Enttäuschung. Manchmal taucht auch die Angst auf, ob ihr Leben überhaupt stimmt oder ob sie an sich selbst vorbei leben. Schuldgefühle kommen hoch. Mit denen möchte man nichts zu tun haben. Daher greift man nach irgendwelchen Beschäftigungen, um sich der eigenen Wahrheit nicht stellen zu müssen.

Wir können nur still werden, wenn das innere Urteilen und Verurteilen, das Bewerten und Entwerten zum Schweigen kommen.

Stille kommt von „stehen bleiben". Es braucht Mut, bei dem inneren Chaos, das in mir auftaucht, stehen zu bleiben, Stand zu halten, mich mit all dem, was in mir auftaucht, auszuhalten. Solange ich in Bewegung bin, kann ich auch vor mir selbst davonlaufen. Ich beschäftige mich immer mit irgendetwas, damit ich mich selbst nicht anschauen muss. Still werden heißt: stehen bleiben, um sich dem zu stellen, was da in mir hochkommt. Die Versuchung, lieber vor dem wegzulaufen, was sich in mir zu Wort meldet, ist groß. Die frühen Mönche kannten diese Versuchung. Sie gaben den Rat, im Kellion, in der Mönchszelle, zu bleiben, auszuharren. Stabilitas nennt das Benedikt. Still werden heißt: stehen bleiben. Stille verlangt Stehvermögen.

Die Mutter stillt ihr Kind. Das Kind schreit, wenn es Hunger hat. Da muss es die Mutter stillen, damit es wieder still wird. Die deutsche Sprache drückt eine wichtige Erfahrung aus: Wenn wir den Mut haben, stehen zu bleiben und nicht vor der eigenen Wahrheit davonzulaufen, dann meldet sich in uns ein unendlicher Hunger zu Wort. Es ist nicht der

Hunger nach Speise, sondern nach Leben, nach Liebe. In diesem Hunger schreien unsere tiefsten Bedürfnisse danach, befriedigt zu werden. Es sind die Bedürfnisse, beachtet zu werden, gelobt zu werden, geliebt zu werden, zärtlich berührt zu werden.

Wenn wir stehen bleiben, steht nicht gleich eine Mutter bereit, um unseren Hunger zu stillen. Wir können aber den Hunger Gott hinhalten, damit er ihn erfüllt und unsere Bedürfnisse stillt.

Wenn die Stille sich nicht nur um mich breitet, sondern es auch in mir still geworden ist, dann ist das ein Augenblick größten Glücks. Nichts stört mich mehr. Keine Gedanken wollen mich von mir wegbringen. Ich bin bei mir. Ich bin eins mit mir und eins mit allem, was ist. Schweigen ist etwas Kostbares und zugleich Zartes. Ich spüre, dass ich es nicht besitzen kann.

Ich kann die Stille nur mit zarten Händen berühren. Sobald ich sie festhalten möchte, entschwindet sie wieder. Aber solange sie da ist, ahne ich etwas vom Geheimnis des Seins, vom Geheimnis des Lebens.

Der dänische Religionsphilosoph Sœren Kierkegaard hat vor über 150 Jahren den Zustand der damaligen Welt als krank empfunden. Sie war ihm zu laut geworden. Wenn er Arzt wäre, so meinte er, würde er als Heilmittel für seine Zeit raten: „Schafft Schweigen!" Heute ist die Welt sicher noch um vieles lauter als zur Zeit Kierkegaards. Umso notwendiger brauchen wir heute das Heilmittel der Stille. Der Mensch kommt nur zu sich, wenn er still wird. Wer nicht mit sich in Berührung kommt, wer nicht in seiner Mitte ist, lässt sich von außen bestimmen. Die vielen Einflüsse von außen machen ihn krank. Wir brauchen die Stille, um wir selbst zu werden und ganz bei uns zu sein. Nur so wird ein menschenwürdiges Leben möglich.

Im 10. Jahrhundert hat sich der Mönch Hartker 40 Jahre lang in eine Zelle zurückgezogen, um schweigend die Vortragszeichen für die Choralgesänge zu schreiben. Für ihn war damals die Welt einfach zu laut. So spürte er, dass die Welt eines vierzigjährigen Schweigens bedurfte, damit im Choralgesang das Wort Gottes so erklingen konnte, dass es die Wunden der Menschen zu heilen vermochte. Das Wort Gottes kommt aus dem Schweigen. Es kann nur im Schweigen so gehört werden, dass es seine heilende Wirkung in unserer Seele entfaltet, dass es die inneren Turbulenzen unserer Seele zum Schweigen bringt. Wir brauchen Schweigen, damit wir lernen, richtig zu hören.

Vom indischen Dichterphilosophen Rabindranath Tagore stammt das Wort: „Der Staub der toten Worte haftet an dir; bade deine Seele im Schweigen." Worte können sich wie Staub auf unsere Seele legen. Wenn es leere Worte sind, fühlen wir uns wie verstaubt oder beschmutzt. Da braucht es ein längeres Schweigen, um uns vom inneren Schmutz zu reinigen. Schweigen ist wie ein Bad der Seele.

Wir brauchen nicht nur Hygiene für den Leib, sondern auch für die Seele. Und es gibt kein besseres Heilmittel und kein intensiveres Reinigungsbad als das Schweigen.

Ein ruheloser Mann kommt zum Altvater Poimen, einem Wüstenvater aus dem 4. Jahrhundert. Der Mann weiß nicht, wie er von seiner ständigen Unruhe loskommen kann. Poimen gibt ihm den Rat: „Bist du ein Freund des Schweigens, dann wirst du Ruhe haben an jedem Orte, an dem du wohnst." Poimen meint hier nicht nur ein äußeres Schweigen, sondern vor allem ein inneres. Er weiß von Menschen, die zwar nach außen hin still sind, aber innerlich ständig reden, weil sie immer über andere Menschen urteilen.

Schweigen heißt: sich verbieten, andere zu verurteilen oder sie zu bewerten. Wer so schweigt, findet innere Ruhe.

Bernhard von Clairvaux, der große Mönch des Mittelalters, hat die Erfahrung gemacht: „Aus dem Schweigen kommt alle Kraft." Viele meinen, Schweigen sei etwas Kraftloses, ein Sich-Zurückziehen, weil man dem Kampf des Lebens nicht gewachsen sei. Das Gegenteil ist der Fall: Wer sich immer wieder ins Schweigen zurückzieht, dem wächst neue Kraft zu. Aus dieser inneren Kraft heraus vermag er, sich besser den Herausforderungen des Alltags zu stellen. Wer immer redet, dem entströmt seine innere Energie.

Schweigen, Stille sind wie ein Schließen der Tür, damit die Glut in meinem Innern nicht ausbrennt und die Quelle der Kraft in mir nicht versiegt. Ein chinesisches Gedicht schreibt dem Schweigen die Fähigkeit zu, Klarheit in unser Herz zu bringen:

„Wer ist im Stand,
das Trübe durch Stille zu klären?
Wer kann so viel Stille aufbringen,
wie nötig wäre, um das Undurchsichtige
zu klären?"

Die vielen Worte, die wir hören, sind oft vermischt mit Emotionen. Wir merken gar nicht, wie die eigenen und fremden Worte die innere Klarheit eintrüben. Wir sehen uns und die Wirklichkeit nicht mehr richtig. Die Worte haben unsere Brille getrübt.

Das chinesische Gedicht weiß um die Anstrengung, die es kostet, so viel Stille aufzubringen, um das Trübe wieder zu klären, damit wir innerlich klar werden und die Welt in Klarheit erkennen.

Von einem der frühen Mönche, dem Altvater Agathon, heißt es: „Drei Jahre trug er einen Stein im Mund, bis er zurecht kam mit dem Schweigen." Er hatte darunter gelitten, dass sich die Zunge kaum zügeln lässt. Bevor wir richtig nachdenken, reden wir schon über andere. Da ist es manchmal wichtig, dass wir uns über bestimmte Menschen ein Redeverbot auferlegen. Agathon hat das mit dem Stein im Mund praktiziert. Wenn ich ein Jahr lang nicht über einen Menschen rede, über den ich mich so oft aufrege, dann wird der Ärger sich verlaufen. Ich werde den anderen mit neuen Augen anschauen. Ich werde ihn lassen, wie er ist. Das Schweigen hat mich von der negativen Bindung an ihn befreit.

Der Schweizer Therapeut C. G. Jung hat im Alter eine starke Sehnsucht nach dem Schweigen gespürt: „Das Reden wird mir öfters zur Qual, und ich brauche oft ein mehrtägiges Schweigen, um mich von der Futilität der Wörter zu erholen." „Futilis" heißt: unnütz, eitel, nichtswürdig. Im Alter kamen C. G. Jung viele Wörter unnütz und leer vor. Da sehnte er sich nach einem mehrtägigen Schweigen, damit er wieder das Eigentliche spürte, auf das es ankommt, das Wesentliche, das den Menschen ausmacht.

Wir haben heute kaum Erholungszeiten von den vielen Worten, die wir ständig hören und auch selber sagen müssen. Umso nötiger hätten wir Schweigezeiten, damit wir uns innerlich regenerieren können.

Vor Jahren wanderte ich eine Woche lang mit einem Familienkreis durch den Steigerwald. Eine Stunde täglich gingen wir bewusst schweigend durch den Wald. Ich führte die Erwachsenen und Kinder ein in die Stille. Sie sollten einfach in ihren Sinnen sein: hören, riechen und spüren, wie der Wind sie umstreichelt, und sich in der Stille von Gott geborgen wissen. Am nächsten Tag kamen die Kinder wieder auf mich zu und fragten: „Machen wir das wieder mit den schönen Gedanken?" Für sie war das Schweigen, schöne Gedanken zu haben.

Sogar die Kinder haben sich gefreut, im Schweigen auf gute Gedanken zu kommen. Sie erfuhren die Stille wie einen heilsamen Raum für ihr Denken.

Wenn eine Gruppe schweigend miteinander meditiert, entsteht oft eine intensive Stille, die man fast greifen kann. Man möchte meinen, schweigen könne man besser allein. Wenn viele miteinander schweigen, entsteht ein Raum der Stille, den alle als wohltuend erleben. Sie fühlen sich vom gemeinsamen Schweigen umgeben wie von einer schützenden und heilenden Hülle. Obwohl sie nicht miteinander sprechen, spüren sie eine tiefe Verbundenheit. In der gemeinsamen Stille entsteht eine Kraft, von der man sich genährt und gestärkt fühlt. Die Stille ist wie ein Band, das alle zusammenhält.

Wenn ich im Urlaub in Gegenden wandere, in denen ich kein Auto und kein Flugzeug, keinen Menschenlärm höre, halte ich inne, um diese Stille um mich zu spüren und auf sie zu hören. Manchmal ist da eine absolute Stille, in der nichts zu hören ist. Und dann – plätschert ein kleiner Bach, der Wind zieht leise über die Felder und Vögel singen. Und ich lausche auf das Rauschen und Singen der Natur.

Die Laute der Schöpfung stören die Stille nicht. Im Gegenteil: Sie machen die Stille hörbar. Sie geben ihr eine Form und vertiefen die Erfahrung der Stille.

„**A**ls tiefes Schweigen das All umfing" (Weisheit 18,14), da stieg das Wort Gottes vom Himmel herab und nahm in Jesus Christus Menschengestalt an. In tiefer Stille geschah das Wunder der Menschwerdung: Weihnachten, Nacht. Es braucht diese tiefe Stille, damit Gott in uns geboren werden kann. Für die Mystiker ist der Ort des Schweigens, zu dem kein Gedanke Zutritt hat, der edelste Teil des Menschen. Es ist der Bereich, in dem Gott in uns geboren werden will.

Da bildet sich Gott in unsere Seele ein, damit wir immer mehr in die einmalige Gestalt hineinwachsen, die Gott jedem zugedacht hat.

Die Mystiker aller Zeiten sprechen von einem Raum der Stille, der in jedem Menschen ist. Wir brauchen diesen Raum nicht zu schaffen, er ist längst in uns. Wir sind oft nur abgeschnitten von ihm und spüren ihn deshalb nicht. In der Meditation gelangen wir in diesen inneren Ort der Stille. Zu ihm haben Sorgen und Gedanken keinen Zutritt. Auch Menschen mit ihren Erwartungen und Ansprüchen an uns vermögen nicht in diesen Raum zu gelangen. Es ist ein heiliger Raum, in dem wir heil sind und ganz. In der Stille ahnen wir, wer wir selbst sind.

Unser wahres Selbst ist ein Geheimnis, das wir schweigend erahnen, ohne es in Worte fassen zu können. Schweigend meditieren wir uns hinein in das unberührte und unverfälschte Bild Gottes von uns.

Setz dich einmal in dein Zimmer. Versuche, gar nichts zu tun, nichts zu denken, nichts zu lesen, nichts zu planen. Genieße einfach den Frieden, der in deinem Zimmer ist. Und versuche, ganz gegenwärtig zu sein. Du bist da und nimmst die Stille wahr. In dieser Stille erahnst du vielleicht, dass du von Gottes heilender und liebender Nähe eingehüllt bist. Du musst nichts vorweisen, nichts überlegen, nichts leisten. Du bist einfach da. Und es ist gut so. Das ist wahre Stille: Die Gedanken schweigen, die Bewertungen schweigen, die Ängste schweigen, um all die Probleme ist es still geworden. Nichts beherrscht dich. Du bist frei.

Du bist von Stille umgeben, umfangen vom großen Schweigen Gottes, das dich schützt vor dem Lärm der Welt.

Wie Stille sich anfühlt, das hat Johann Wolfgang von Goethe wunderbar in Worte gefasst. In seinem Gedicht hört man gleichsam die Stille. Sie wird erfahrbar, greifbar. Des Dichters Worte lassen Stille erklingen:

Über allen Gipfeln ist Ruh,
In allen Wipfeln spürest du
Kaum einen Hauch;
Die Vögelein schweigen im Walde.
Warte nur, balde
Ruhest du auch.

Schon die Griechen kannten das mystische Schweigen. Das Tiefste zwischen Gott und

Mensch geschieht im Schweigen. Gott ist unbegreiflich. Ihm kann man sich nur im Schweigen nahen, das Unnennbare nur im Schweigen erahnen. Im Schweigen hören wir in die Abgründe der Welt, aus denen uns das Schweigen Gottes entgegentönt. Das Schweigen lässt dem unendlichen und unbegreiflichen Geheimnis Gottes seinen Raum. Es verzichtet darauf, sich Gottes zu bemächtigen. Das Schweigen lässt Gott seine göttliche Kraft. Das Tiefste zwischen Gott und Mensch geschieht im Schweigen.

Wenn Stille sich um uns breitet und unser Herz erfüllt, dann erleben wir eine eigenartige Stimmung. Es ist etwas Zartes in der Stille, etwas Geheimnisvolles. Die Stille ist voll von Liebe, von Zärtlichkeit, von Ehrfurcht. In der Stille fühlen wir uns geborgen. Sie ist wie ein Mantel, der uns einhüllt. In der Stille fühlen wir uns angenommen. Alles darf sein. Niemand spricht ein Urteil über uns. Wir berühren in der Stille das Geheimnis des

Seins. Wir haben teil am Sein. Wir sind einfach. Wir sind eins, mit allem eins.

Es ist etwas Zartes in der Stille, etwas Geheimnisvolles. Wir sind eins, mit allem eins ...

Eine reine und klare Stille nimmt uns unseren Hunger. Da brauchen wir keine Mutter, die uns stillt. Die Stille selber ist es, die uns nährt. Wer die Stille in sich und um sich spürt, hat genug erfahren. Er weiß: Dieser Augenblick reiner Stille birgt alles in sich, wessen er bedarf. In der Stille wagt das Herz kaum zu schlagen. Es möchte aufhorchen, was da in der Stille sich ihm darbietet.

Die Stille stillt des Herzens Verlangen. Sie ist das wahre Glück des Menschen.

Das Glück
der Zufriedenheit

Das Glück der Zufriedenheit

Mit zufriedenen Menschen sind wir gerne zusammen. Von ihnen gehen Frieden und Zuversicht aus. In ihrer Nähe können wir das eigene Leben genießen. Wir sind dankbar für das, was wir empfangen haben. Den zufriedenen Menschen kann so leicht nichts aus dem Gleichgewicht bringen. Wenn ihm nicht alles gelingt, was er sich vorgenommen hat, sagt er trotzdem: „Ich bin zufrieden. Es hätte auch schlimmer kommen können." Auch wenn er nicht alles hat, was andere besitzen, blickt er nicht neidisch auf die Nachbarn. Er ist zufrieden mit dem, was er hat. Es genügt ihm. Er ist glücklich mit dem, was er ist.

Manchmal gebrauchen wir das Wort „zufrieden" auch negativ. Da ist einer in seiner Selbstzufriedenheit durch nichts mehr zu erschüttern. Er ist mit sich zufrieden und hat es aufgegeben, sich noch weiter zu entwickeln. Er bleibt innerlich stehen. Solche satte Selbstzufriedenheit ist kein Glück. Im Gegenteil, der selbstzufriedene Mensch erstarrt. Bei ihm hat das Leben aufgehört zu fließen. Mit ihm können wir uns kaum mehr unterhalten. Denn er interessiert sich für nichts. Er kreist nur um sich. Seine Selbstzufriedenheit muss er ständig zur Schau stellen. Und damit wird sie uns suspekt. Denn wer zuviel begründen muss, dass er zufrieden ist, zeigt, dass er es im Grunde seines Herzens nicht ist.

Das deutsche Wort „zufrieden" meint eigentlich: „zu frieden setzen, zur Ruhe bringen". „Frieden" meint ursprünglich einen geschützten, einen eingefriedeten Ort, in dem man miteinander als freie und freundschaftlich verbundene Menschen leben kann. Zufrieden ist der Mensch, der zu diesem Ort des Friedens gelangt ist. In der Präposition „zu" steckt eine Bewegung. Ich bin nicht einfach im Frieden. Ich muss zum Frieden kommen. Ich muss aus der Zerrissenheit dieser Welt zum Ort des Friedens wandern, um dort zur Ruhe zu kommen und Frieden zu finden.

Daher ist Zufriedenheit keine Haltung, die

wir besitzen, sondern ein beständiger Weg zum Frieden mit uns selbst.

Frieden ist in der geistlichen Tradition ursprünglich religiös gemeint. Der Seelenfriede ist das zu erstrebende Gut. Wer innerlich ruhig geworden ist, der hat seinen Seelenfrieden gefunden. Dem Weg zu diesem inneren Frieden möchte ich anhand der verschiedenen Bedeutungen des Wortes „Frieden" nachgehen. Von der deutschen Sprache her ist der Weg zum Frieden, zur Zufriedenheit, ein Weg in den inneren geschützten Raum. Es ist ein Raum, der vor Feinden schützt, vor den Feinden der Seele, vor krankmachenden Lebensmustern, vor den Gedanken der Selbstentwertung und Selbstbeschuldigung und vor verletzenden Worten anderer Menschen.

Im inneren Raum des Friedens finde ich Frieden. Da bin ich zum Frieden gekommen.

Im Hebräischen heißt Friede „Schalom". Wenn man sich grüßt, wünscht man sich gegenseitig Schalom. Im Schalom spricht man sich alles zu, was der Mensch zum Leben braucht: Frieden, Fülle des Lebens, Wohlbefinden, Glück, Zufriedenheit. Schalom ist ein Zustand, von dem wir sagen: Alles ist gut. Schalom meint ursprünglich: fertig, vollständig, vollendet. Gott hat seine Schöpfung vollendet und ihr den Frieden eingestiftet. Frieden heißt vom Alten Testament her, dass alle Kräfte im Kosmos und im Menschen friedvoll zusammen wirken.

Wer aufhört, gegen sich zu kämpfen, wird den ursprünglichen Einklang entdecken, in dem Gott den Kosmos geschaffen hat. „Gott sah alles an, was er gemacht hatte: Es war sehr gut" (Genesis 1,31).

Das griechische Wort für Frieden ist „eirene". Es meint ursprünglich den Wohlstand, in dem der Mensch lebt. Aber es bedeutet auch die Ruhe, der wir uns erfreuen dürfen. Friede ist für die Griechen ein Zustand der Ruhe, in dem wir uns eine gesicherte Existenz aufbauen und zu Wohlstand kommen. Eirene hat mit Harmonie zu tun. Alles stimmt miteinander überein und passt zusammen. Der zufriedene Mensch ist nach diesem griechischen Verständnis einer, der in Übereinstimmung mit sich selbst lebt, bei dem die verschiedenen Seelenkräfte zusammen stimmen.

Er lebt in Harmonie mit seinem innersten Wesen und letztlich auch mit Gott, der ihm erst seinen Seelenfrieden ermöglicht.

Das lateinische Wort für Frieden „pax" kommt von „pacisci" und meint: Verhandlungen führen, einen Pakt schließen, einen Vertrag machen. Friede entsteht für die Römer, wenn wir miteinander sprechen. Der zufriedene Mensch spricht mit sich selbst. Er spricht mit den verschiedenen Gedanken und Emotionen, die in ihm auftauchen und die sich oft widersprechen und gegeneinander kämpfen. Im Gespräch mit seinen Gedanken gibt er jedem sein ihm zustehendes Recht. Und er verknüpft die Gedanken auch miteinander. Er gesteht keinem sein alleiniges Recht zu. Vielmehr lässt er jedem Gedanken Raum, damit alle Gedanken und Emotionen, alle Leidenschaften und Bedürfnisse existieren können.

Wer seine Gefühle unterdrückt, kann zwar äußerlich Frieden halten. Er wird nach außen hin vielleicht selbstbeherrscht und zufrieden auftreten. Aber man spürt ihm an, dass es nur ein erzwungener Friede ist. Irgendwann werden die unterdrückten und verdrängten Aggressionen nach oben kommen und den inneren und äußeren Frieden gefährden. Gefühle, die nicht angesprochen werden, die sich in uns nicht zu Wort melden dürfen, blockieren uns. Sie verschlingen viel Energie. Und sie rauben uns den wirklichen Frieden.

Wirklich zufrieden sind wir nur, wenn wir die Gefühle in uns zulassen und mit ihnen ins Gespräch kommen. Dann werden sie den Raum einnehmen, der ihnen zusteht.

Für die Römer der Antike waren Friede nie ein Besitz und Zufriedenheit kein Zustand, der immer andauert. Sie muss vielmehr immer wieder neu erworben werden. Ich kann sie mir erarbeiten, wenn ich bereit bin, immer wieder auf all das in mir zu hören, was sich in meinem Herzen zu Wort meldet. Es braucht ein gutes Hinhören, damit ich verstehe, was sich da in mir ein Recht verschaffen möchte. Hören und verstehen gehören zusammen. Indem ich höre auf das, was in mir ist, lerne ich, mich zu verstehen. Ich stehe zu mir so, wie ich bin. Ich höre auf, mich zu bewerten oder zu verurteilen. Ich lasse allem, was in mir ist, Raum. Aber ich begrenze den Raum auch, damit nichts in mir sich so ausbreitet, dass mein Selbst vertrieben wird.

Ich kann mit mir nur zufrieden sein, wenn das Selbst, mein innerster Kern, die Herrschaft behält. Wenn sich einzelne Leidenschaften so breit machen, dass ich nicht mehr atmen kann, verliere ich den Frieden in mir. Frieden bedeutet auch, dass ich frei bin. Ich höre auf meine Gefühle, aber ich gehöre ihnen nicht. Ich gehöre mir selbst und ich gehöre letztlich Gott. Nur als einer, der Gott gehört, vermag ich so auf die Gefühle zu hören, dass ich ihnen nicht hörig werde.

Ich höre auf sie und bringe sie immer wieder zum Frieden. Sie dürfen sich aussprechen, müssen aber auch wieder zurücktreten, damit ich in mir selbst und letztlich in Gott zu ruhen vermag.

Das deutsche Wort „Frieden" hängt mit „frei" zusammen. Und „frei" bedeutet: „schützen, schonen, gern haben, lieben". Freie Personen sind die, die man liebt und daher schützt. Es sind die Freunde, um die man einen Schutzwall errichtet. Friede bezeichnet den geschützten Bereich, in dem Freunde miteinander freundlich umgehen und sich einander lieben. Zufriedenheit braucht daher beides: Liebe und Freundschaft und den geschützten Bereich. Ich kann mit mir nur zufrieden sein, wenn ich freundlich mit mir umgehe. Der freundliche Umgang mit mir gilt allem, was in mir ist. Ich empfange alle Gefühle und Emotionen als Freunde. Das ist für viele nicht so einfach. Wenn Angst in ihnen auftaucht, ärgern sie sich und wollen die Angst sofort aus dem eigenen Herzen vertreiben.

Je mehr wir aber die Angst vertreiben, desto mehr kehrt sie immer wieder zurück und führt zu einem ständigen Kampf mit ihr. Freundlich mit der Angst umzugehen – das würde heißen, dass ich mit ihr ein Gespräch beginne und sie befrage, was sie mir sagen möchte. Vielleicht weist sie mich auf falsche Grundannahmen hin, mit denen ich mir das Leben schwer mache. Solch eine krankmachende Grundannahme kann sein: „Ich darf keinen Fehler machen. Sonst bin ich nichts wert." Indem die Angst mich auf solche Einstellungen hinweist, wird sie mir zum Freund. Sie lädt mich ein, eine gesündere Haltung zu mir selbst und zu allem, was in mir ist, einzunehmen.

Nur dann werde ich in mir Frieden finden. Nur dann werde ich „zufrieden", zum Frieden mit mir selbst kommen.

Der zweite Weg zur Zufriedenheit ist so zeigt es uns das Wort „Friede" mit ihrer zur Sprache geronnenen Erfahrung – der Weg in den geschützten Bereich. Die frühen Mönche haben ihren Frieden dadurch gefunden, dass sie den inneren Bereich der Seele vor Eindringlingen geschützt haben. Sie haben leidenschaftlichen Gedanken und Emotionen den Zugang zum inneren Ort der Stille verweigert. Nur so konnten sie freundschaftlich mit ihrem wahren und ursprünglichen Kern, mit dem inneren Selbst, umgehen. Und nur so konnten sie in Freiheit die Freundschaft mit Gott genießen, den sie im Raum des Schweigens bei sich wussten. Zufriedenheit haben die frühen Mönche so verstanden, dass sie in sich einen Ort des Friedens erfahren haben.

Evagrius Ponticus, der wohl wichtigste Schriftsteller im frühen Mönchtum, nennt diesen inneren Raum der Stille im Menschen „Jerusalem", die Stadt des Friedens: „Die Heilige Schrift nennt diesen Ort auch ‚Schau des Friedens', an dem einer in sich jenen Frieden schaut, der erhabener ist als jedes Verstehen." Ziel des spirituellen Weges ist es, in diesen inneren Raum des Friedens zu gelangen. Der Friede, den wir dort auf dem Grund unseres Herzens erfahren, erfüllt unsere tiefste Sehnsucht. In diesem inneren Ort erfahren wir eine Zufriedenheit, die uns niemand nehmen kann. Äußere Umstände können uns den inneren Frieden rauben. Aber auf dem Grunde unseres Herzens ist ein unzerstörbarer Friede, ein Friede, der von Gott kommt und daher höchstes Glück bedeutet.

Wenn wir von einem Menschen sagen, dass er zufrieden ist, meinen wir noch etwas anderes. Der zufriedene Mensch ist bescheiden. Er ist mit wenigem zufrieden. Er gibt sich mit dem zufrieden, was ihm beschieden wird, was ihm zugeteilt wird. Er kann sich auf ein einfaches Leben einlassen. Er hat keine übertriebenen Bedürfnisse. Er kann aber auch das genießen, was wir ihm anbieten. Solche zufriedenen Menschen haben wir gerne als Gäste.

Wenn wir bei einem Gast übertriebenen Bedürfnisse und Ansprüche befürchten müssen, wird die Gastfreundschaft anstrengend. Wir können den Gast nicht mit frohem Herzen beherbergen. Vielmehr leben wir in der Furcht, er könne neue, unverschämte Ansprüche an uns stellen. – Der zufriedene Mensch ist dankbar für das, was wir ihm anbieten. Er kann sich über alles freuen. Einem zufriedenen Menschen Gastfreundschaft zu gewähren, beglückt uns selbst. Wir freuen uns an ihm. Und er ist dankbar für das, was wir ihm bieten können. Von einem zufriedenen Menschen geht auch Friede aus auf unser Haus.

Der Apostel Paulus hat gelebt, was Zufriedenheit bedeutet. Er schreibt von sich: „Ich habe gelernt, mich in jeder Lage zurechtzufinden: Ich weiß Entbehrungen zu ertragen, ich kann im Überfluss leben" (Philipper 4,11f). Paulus kann beides: verzichten und genießen. Wenn ihm etwas fehlt, macht er es andern nicht zum Vorwurf. Er nimmt es so an, wie es ist. Wenn ihm einer etwas schenkt, freut er sich und ist dankbar. Er kann genießen, was ihm angeboten wird. Solche Menschen haben wir gern in unserer Umgebung. Da haben wir kein schlechtes Gewissen, wenn das, was wir ihm anbieten können, uns zu wenig erscheint. Und wir freuen uns mit dem andern, wenn er sich an den Gaben, die wir zu geben haben, erfreut.

Zufriedenheit hat offensichtlich zur Voraussetzung, dass ich frei bin von meinen Ansprüchen und Forderungen an andere und dass ich zugleich dankbar empfangen kann, was mir angeboten wird. Und zur Zufriedenheit gehört ein Genießen, ohne ein schlechtes Gewissen zu haben. – In einer Wohngemeinschaft hatte einer ständig etwas zu kritisieren. Wenn Verzichten Ausdruck von Lebensverneinung ist, geht davon keine Zufriedenheit aus, sondern ein Vorwurf an die andern. Und der erzeugt ein schlechtes Gewissen. Da hat man immer Angst, etwas zu genießen. Paulus konnte beides: verzichten und genießen. Er war zufrieden mit dem, was die Menschen ihm anboten. In beides konnte er sich mit innerem Frieden einlassen und dankbar entgegennehmen, was ihm geschenkt wurde.

Damit die Zufriedenheit keine satte Selbstzufriedenheit wird, die zur Unbeweglichkeit führt, ist es nötig, dass wir beide Pole in uns wahrnehmen: den Pol der Harmonie und den Pol des Wachsens. Friede entsteht, wenn wir uns annehmen, wie wir sind. Doch das bedeutet nicht, dass wir stehen bleiben und nicht weitergehen möchten auf dem Weg unserer Selbstwerdung. Der andere Pol gehört genauso zu uns: Wir wollen weiterkommen, uns verbessern, erneuern. Wir möchten innerlich wachsen und immer mehr in die Gestalt hineinwachsen, die sich Gott von uns gemacht hat.

Damit ich weiterwachsen kann, muss ich erst in Frieden kommen mit dem, was ich bin und wie ich mich erlebe. Wenn ich gegen mich wüte und mich im Tiefsten ablehne, werde ich nicht weiterkommen. Zufriedenheit braucht die beiden Pole des Annehmens und Wachsens, damit sie uns innerlich lebendig hält. Dann werden wir uns nie selbstzufrieden zurücklehnen und alle Neuerungen ablehnen. Vielmehr werden wir alles, was sich in uns regt und was uns von außen zukommt, gelassen anschauen und uns darauf einlassen, ohne durch die Bewegung den inneren Frieden zu verlieren.

Von einem zufriedenen Menschen geht Kraft aus und Segen für seine Umgebung. Solschenizyn hat den zufriedenen Menschen weise genannt: „Der ist weise, der mit wenigem zufrieden ist." Und er definiert den Optimisten als einen, der sagt: „Überall ist es schlechter, wir haben es noch gut, haben Glück gehabt. Einer, der sich an dem freut, was vorhanden ist, und nicht hadert." Der Pessimist dagegen meint, überall sei es besser, nur er habe Pech gehabt. Er leidet ständig unter seinem Schicksal. Wie ich mein Leben erlebe, das hängt wesentlich von der inneren Einstellung ab.

Ob mein Leben glückt oder nicht, das bestimmen nicht die äußeren Verhältnisse, nicht mein Einkommen und nicht meine Gesundheit, sondern letztlich meine Einstellung zum Leben.

Wenn ich zufrieden und dankbar bin für das, was Gott mir zugeteilt hat, dann werde ich innerlich im Einklang sein mit mir und mit meinem Schicksal. Dann werde ich in meiner Zufriedenheit inneres Glück erfahren. Es liegt also an mir, wie ich mich zu dem stelle, was mir von außen her zukommt.

Wenn ich zufrieden bin mit dem Leben, das mir zumutet und zugetraut ist, dann wird mein Leben gelingen und ich werde auch in bescheidenen äußeren Verhältnissen glücklich sein.